マンガで実用

使える哲学

暮らしに役立つ基礎知識

監修・平原卓　マンガ・柚木原なり

あるところに
少しふしぎな
お悩み研究所が
ありました
あぁ…
いい天気だなぁ
なんて哲学日和なんだ
あ〜！
哲学の話がしたい！
いろんな人と
議論がしたい！
ん？
あの女性…

はぁ～
どうしたもんかなぁ
悩めるOL
エリカ
ガタ
これは哲学の匂いがする!!!
ん?
テツガクお悩み研究所
こんなところにこんな建物なんてあったっけ?
テツガクお悩み研究所

テツガク…
お悩み研究所？
へぇ～
でも
哲学ってなんだか
難しい響きよねぇ
日常生活で
使えるのかどうかも
よくわかんないし
そんなこと
ありませんよ
お嬢さん!!
ビクウッ

わ!?
ど…
どちら様で…?
私はこの研究所の
哲学者でプラトンと
申します
プラ…?
哲学とはまさに
よりよく生きていくために
必要な「考え方」を
見出していく
素晴らしい学問なのですよ
プラトン
紀元前427年 -
紀元前347年
古代ギリシャの哲学者
でも私
そんな大それた
悩みを持ってる
わけじゃ…
大丈夫!
人生のどんな
些細な悩みでも
哲学は
役に立つのです!

じゃあ私の悩みも
哲学がサクッと
解決して
くれるんですか？
いえ…
残念ですが
それはできかねます
NO...
え？！
できないの？
哲学はあくまでも
「本質」や「考え方」を
論じる学問です
確かに
いろいろな哲学者の考えに
学ぶべきものは
多いのですが…

例えば…人によってその時に
食べたいものはちがうでしょ？
あなた自身がどう生きるかを
考え導き出せるのは
あなた自身しか
いないのです！
確かに
そうかも…？
大丈夫！
私と話している
うちに
きっとわかって
きますよ！
え？
え？
テツガク
お悩み研究所へ
ようこそ！

つづきはP.24へ！

CONTENTS

マンガ　プロローグ …… 2
テツガクお悩み研究所　研究員紹介 …… 10
はじめに …… 14
哲学者の言葉について自分の頭で考える練習 …… 16

第1章　哲学の扉を開ける　哲学者との出会い

Chapter 1
マンガ　プラトン ―SNSとうまくつき合うには!? …… 24
プラトンに学ぶ哲学思考 …… 32

Chapter 2
マンガ　デカルト ―進学することの意味とは!? …… 36
デカルトに学ぶ哲学思考 …… 44

Chapter 3
マンガ　カント&ヘーゲル ―パワハラに対抗する手段とは!? …… 48
カントに学ぶ哲学思考 …… 56
ヘーゲルに学ぶ哲学思考 …… 60

Chapter 4
マンガ　キルケゴール ―運命の人は現れる!? …… 64
キルケゴールに学ぶ哲学思考 …… 72

Chapter 5
マンガ　ニーチェ ―デキる同僚にムカつくのはなぜ!? …… 76
ニーチェに学ぶ哲学思考 …… 84

Chapter 6
マンガ　バタイユ ―好きな人の前ではうまく話せないのはなぜ!? …… 88
バタイユに学ぶ哲学思考 …… 96

Chapter 7
マンガ　アレント ―サークルをやめたら居場所がない!? …… 100
アレントに学ぶ哲学思考 …… 108

番外編
マンガ　ソクラテス&プラトン ―プラトンと師・ソクラテスとの出会い …… 113

第2章　モヤモヤ解消!　生きやすくなるための哲学

01 自由なのにモヤモヤするのはなぜ? …… 122
02 そもそも、現代人は本当に自由なの? …… 124
03 全員が平等ならみんな幸せになれる? …… 126
04 モテたら、必ず幸せになれるの? …… 128

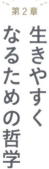

05 お金持ちになれば幸せになれる？……130
06 職場や学校の知り合いとつき合うのが苦手……132
07 悪口を言い合う人間関係に疲れた……134
08 家族なのに理解できないのはなぜ？……136
09 どんなに話してもわかり合えない人がいる……138
10 「いい人」になりたいのはなぜ？……140
11 「みんなと一緒」だと安心するのはなぜ？……142
12 働くことに意味を見出せない……144
13 生きることに不安を感じてしまう理由は？……146
14 自分の存在価値がわからない……148
15 自分の生き方に自信を持つためには？……150
16 男性だから働く、女性だから家庭に入る…？……152
17 AIは人間になれる？……154
18 AIに正義は判定できる？……156
19 AIと友だちになれる？……158

第3章 古代から超現代まで 知っておきたい哲学者33人

歴史からひもとく哲学……162
タレス……174
ソクラテス……176
プラトン……178
アリストテレス……180
デカルト……182
スピノザ……184
ロック……186
ホッブズ……188
ルソー……190
アダム・スミス……192
カント……194
ヘーゲル……196
ショーペンハウアー……198
ベンサム……200
ミル……202
マルクス……204
キルケゴール……206
ニーチェ……208
ジェイムズ……210
フロイト……212
フッサール……214
ウィトゲンシュタイン……216
ハイデガー……218
サルトル……220
レヴィナス……222
バタイユ……224
アレント……226
レヴィ＝ストロース……228
フーコー……230
ドゥルーズ……232
デリダ……234
サール……236
チャーチランド……238

巻末付録 関連ワードのつながりが一覧！ 哲学用語まとめ

哲学用語まとめ……241

PHILOSOPHY COLUMN

01 哲学に親しむ前に知っておきたい5つのステップ……22
02 知っておきたい中国の哲学者たち……112
03 AIは「人間」になれるのか⁉ 哲学からAIを考える……160
04 知っておきたい日本の哲学者たち……240

テツガクお悩み研究所　研究員紹介

研究所に在籍する哲学者たち。そこに悩める人がいるなら、研究所だけでなくどこにでも現れる。

当時の姿

René Descartes

ルネ·デカルト

P.36／P.182

近代哲学の父と言われる、フランス出身の哲学者。“全てを疑う”思考法を通して、普遍的な認識を示そうとした。基本的に人づき合いを好まず、放浪癖あり。

相談者

悩める高校生

マナブ

成績優秀な男子高校生。親から言われた通りの有名大学に行くことに疑問を感じている。

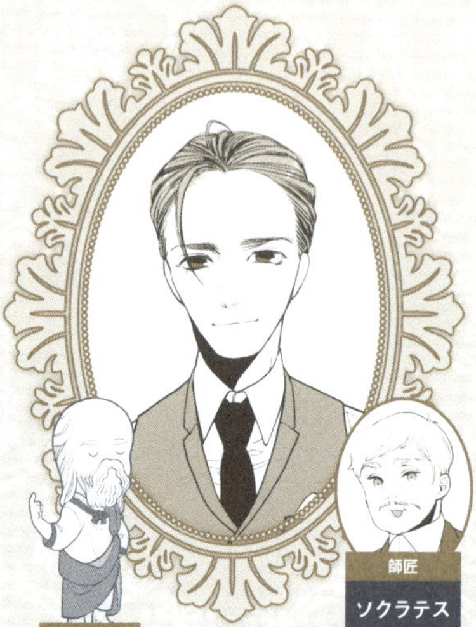

師匠

ソクラテス

P.113
P.176

当時の姿

Plato

プラトン

P.2／P.24／P.178

古代ギリシャの哲学者。師匠であるソクラテスと共に、「よい生き方とは何か？」という問題に日々向き合い、答えを探している。“哲学的対話”が大好き。

相談者

悩めるOL

エリカ

SNSとのつき合い方に悩むOL。モヤモヤしながらも「いいね！」を押す毎日。

当時の姿

Georg Wilhelm Friedrich Hegel

ゲオルク・ヘーゲル

P.48／P.196

カントが唱えた哲学を発展的に完成させた、ドイツの哲学者。社会の矛盾や問題を、原理的な思考によって解決しようと試みた。前向きで誠実なリアリスト。

当時の姿

Immanual Kant

イマヌエル・カント

P.48／P.194

近代哲学を代表する、ドイツの哲学者。人間の理性を基礎に、自由や道徳の原理を導こうとした。時間には非常に正確で、日課の散歩を欠かさない。

相談者

悩める派遣OL

ハルコ

職場の同僚が受けている、上司からのパワハラを、どうすることもできずに悩んでいる。

当時の姿

Friedrich Wilhelm Nietzsche

フリードリヒ・ニーチェ

P.76／P.208

「生きること」の意味を根源的に問いなおそうとした、ドイツの哲学者。強い者に対する弱者の妬《ねた》みの気持ちを「ルサンチマン」と名づける。突き抜けたプラス思考の持ち主。

相談者

悩める営業マン

タグチ

自分より優秀な職場の同僚にイライラ。後輩にグチって不満を発散しようとするが…。

当時の姿

Søren Aabye Kierkegaard

セーレン・キルケゴール

P.64／P.206

哲学史上初めて、万人にとっての普遍的な真理ではなく、「私にとっての真理」を見出そうとした、デンマークの哲学者。かつての恋人との婚約破棄がトラウマ。

相談者

悩める？女性

ヒロエ＆ミユコ

結婚に夢を抱けないヒロエと、理想の男性の出現を夢見るミユコは、どちらが正しい⁉

当時の姿

Hannah Arendt

ハナ・アレント

P.100／P.226

ドイツ出身の哲学者。ユダヤ人への迫害を逃れてアメリカに移住、帰化する。全体主義の構造を明らかにし、その背後にある人間の心理を分析した。

相談者

悩める大学生

ハルカ

人間関係に疲れて、サークルをやめてしまった大学生。その判断が正しかったのか悩む。

当時の姿

Georges Battaille

ジョルジュ・バタイユ

P.88／P.224

ニーチェに影響を受け、独自の哲学を発展させた、フランスの哲学者。「エロティシズム」論では、美と恋愛に関する本質を、鋭く指摘している。

相談者

悩める青年

コウジ

好きな人の前で、ドギマギして何も話せない自分を持て余し、相談所の扉をたたく。

はじめに

今、なぜ「哲学」なのか？

「哲学」と聞いて、何を思い浮かべるだろう。「難しそう」「役に立たなさそう」「名言」「ニーチェ」…などなど、とにかくお勉強的でとっつきにくい、というのが第一印象かもしれない。

しかし、日々生活する中で、次のようなことを感じる瞬間はないだろうか。

なんとなく生きづらい

閉塞感を感じる

自分の生き方に自信がない

哲学の歴史をひもとくと、著名な哲学者が現れるのは、人々がこのような、ぼんやりとした不安を感じている時代だった。既存の価値観が崩れ、それを立てなおす必要が生じた時。そんな中で哲学は現れ、求められ、栄えた。

例えば、古代ギリシャの神話的な価値観が崩れた時に現れたのが、プラトン。「我思う、ゆえに我あり」という言葉で有名なデカルトは、中世ヨーロッパのキリスト教的な価値観がゆらぐ時代に現れた。そしてキリスト教の存在感がさらに薄れ、人々が神ではなく自分で生き方を決めなくてはならなくなった時代に現れたのが、ニーチェだ。

現在はどうだろう。様々な価値観や多様性が認められるようになった一方で、「格差」「孤独」

「不安」などの、負の感情は相変わらず残っている。技術革新は、普通の人間が思いもよらないスピードで進み、現在ある仕事さえも、将来的に残るかどうかわからない。

哲学は、「philosophia（フィロソフィア）」を語源とする。「知を愛する」という意味のギリシャ語だ。本来の哲学とは、「考えることを愛する」こと。自分がどのように考え、どのような目的を持って生きていくのか、自分の頭で根本から考えることが「哲学」。そして、その考えるヒントを与えてくれるのが、過去の哲学者たちが一生をかけて考え続けた成果ともいえる哲学書であり、哲学の歴史なのだ。

未来について、確実な答えを見つけることが再び難しくなってきた現在、「自分で考える」方法（原理）と習慣を身につけることは、これからを「よく」生きるための大きな力になるだろう。もちろん、そんな深遠な目的はないという人も大丈夫。「自分で考える」習慣は、「嫌われたくない」「自信が持てない」「不安だ」など、日々のモヤモヤを解決する力にもなるはずだ。

まずは、「自分で考える」練習から始めよう！

今から約2500年前のギリシャ

まずはチャレンジ！

哲学者の言葉について自分の頭で考える練習

哲学者の言葉を、まずは先入観なく、自分で考えてみよう。さらに、「考えるヒント」のページを参考に、思考を深めよう。

ただ生きるのではなく善く生きる

プラトン
Plato
BC427〜347
ソクラテス
Socrates
BC470？〜399

善とは何か。どのように生きることが本当に「善い」ことなのか。古代ギリシャ社会に生きたプラトンと、その師であるソクラテスは、哲学の歴史上初めて、このテーマに取り組んだ。ソクラテスは、「自分の内面である〝魂〟が、できるだけ優れたものになるように気をつかうべきだ（魂の配慮）」と述べる。そして多くの金銭を得たり、自分の地位や評判を高めたりすることだけでは、魂を優れたものにすることはできない、と考えた。

＼ Let's think! ／

「善く生きる」とはどういうことなのか？

考えるヒント P.24〜35

今から約400年前のフランス
我思う、
ゆえに
我あり
ルネ・デカルト
René Descartes
1596 ～ 1650

17世紀のフランスに生きたデカルトは、「理性で考えれば全ての人が受け入れられる地点から、哲学を出発させなければならない」という考えを打ち出した。そして、「生まれつき全ての人に理性が備わっている」という前提のもと、全ての存在を疑ってなお、「疑っている私」の存在は疑えないという「我思う、ゆえに我あり」という真理を確信する。この「方法的《ほうほうてき》懐疑《かいぎ》」と呼ばれるやり方は、全ての人が実際にやってみることができ、哲学の普遍性の理念を示すものである。

＼ Let's think! ／

「自分」とは何か？
自分の存在について
考えてみよう。

考えるヒント P.36～47

今から約200年前のドイツ

対立する意見を
統一していくことで
自由な社会が
実現される
ゲオルク・ヘーゲル
Georg Wilhelm Friedrich Hegel
1770 ～ 1831

18

世紀末のフランス革命後にナポレオンが現れ、革命の理念を全ヨーロッパに広めた。それは、個人の自由や平等を主張する自由主義の流れへとつながった。個人の意見がクローズアップされていく時代の中で、ヘーゲルは全ての人の「自由」を実現する原理（方法）を考えた。そして各人が、自分の欲求の中から本当に「よい」ことを選びとり、それぞれの「よさ」をともに受け入れ合うこと（相互承認）から、理想である自由な社会が実現されていくと考えた。

＼ Let's think! ／

違う意見の人と議論し
着地点を見つけよう。

考えるヒント　P.48～63

今から約130年前のドイツ
自分より強い者に感じる反感は“奴隷の道徳”だ
フリードリヒ・ニーチェ
Friedrich Wilhelm Nietzsche
1844 ～ 1900

科学の発展と共に、キリスト教的価値観に限界が見え始めた時代。ニーチェは「神は死んだ」と宣言し、キリスト教の道徳を〝奴隷の道徳〟と批判。劣っていることや弱いことを「よい」こととし、強い人間を「悪人」として思い描くことは、妬《ねた》みの感情（ルサンチマン）を背景にした価値の逆転だと考えた。そして、他人と比較することなく、何がよく何が悪いかについて自分の内側から価値基準を見出すことが、神なき時代における「倫理」の原理とした。

＼ Let's think! ／

なぜ他人にジェラシーを感じるのか？
その理由を探ってみよう。

考えるヒント P.76～87

今から約50年前のアメリカ

考えることをやめたら、人間ではなくなる
ハナ・アレント
Hannah Arendt
1906～1975

20 世紀のドイツでユダヤ人として生まれたアレントは、ナチスの迫害を逃れてアメリカに亡命。戦後、ナチスの幹部だったアドルフ・アイヒマンの裁判を傍聴し、ユダヤ人の迫害は、思考や判断を停止した平凡な人間によって行われたという意見を持つ。考えることをやめ、他者の意見に身をゆだねる時、人間は悪魔的になりうる。それは特別なことではなく、普通の人々にも起こりうる出来事だと、アレントは鋭く指摘している。

＼ Let's think! ／

日常で感じる
小さなひっかかりを
自覚してみよう。

考えるヒント　P.100～111

哲学は、全ての人に開かれた「舞台」

PHILOSOPHY COLUMN 01

哲学に親しむ前に知っておきたい5つのステップ

STEP 1 初心者は

哲学者の「名言」に答えを求めてはいけない

「哲学」と聞くと、「エライ哲学者が言った尊い言葉を知り、自分の人生の糧にする学問」と思いがち。しかし、哲学が与えてくれるのは人生の正解ではなく、「いかに生きるか」を考えるための原理（方法）である。過去の哲学者たちの思想は、その時代・その状況のもとに生み出されたもの。哲学とは、その思想を今・ここに生きる自分自身に落とし込み、自分の納得できる答えを導き出すためのツールなのだ。

STEP 2 自分で考える習慣づけを

哲学者の言葉をうのみにせずまずは自分の頭で考えてみる

歴史をくぐり抜けて現代に残った哲学者の言葉（名言）は、とても力がある。キャッチーでインパクトがあり、「真実を伝えているにちがいない」と感じさせる。しかし他でもない自分にとっても、その言葉は本当に正しいのか？　手放しで言葉を受け止めることはいったん保留して、いま一度考えてみる必要がある。

STEP 3 いざ、原書にチャレンジ

哲学書を１回読んだだけで理解することは不可能

哲学の思想を理解するためには、やはり原書を読むことが重要。しかし、1回読んだだけで理解することはかなり難しい。メモを書き込みながら、何度も読み返すことをおすすめする。

STEP 4 原書を読み込む

よく知られる哲学者だからといって、わかりやすい文章を書くとは限らない

著名な哲学者だからといって、文章の達人ではない。理解しづらい文章を書く人物も多い。自分の理解力に幻滅することなく、粘り強く、著者の動機を汲みとるように読もう。

STEP 5 哲学にハマってきたら…

できれば友人や仲間と、考えたことを共有する

ひとりで考えていると、ふと虚しさをおぼえることも。自分の意見を発信できる仲間や友人、コミュニティを持とう。興味のある人同士で、哲学書の読書会を開くこともおすすめ。

第1章

哲学の扉を開ける

哲学者との出会い

「テツガクお悩み研究所」のメンバーである哲学者たちが、
それぞれの登場人物のお悩みを解決しながら、
「哲学すること」についてやさしくレクチャー。
「哲学＝難しい」というイメージが、ガラッと変わるはず。

—さて、先ほども申しましたが哲学では「対話」が大切です
まずはあなたのお悩みをしっかり伺って…
あ!!
プラトン
紀元前427年 - 紀元前347年
古代ギリシャの哲学者
思い出した!
プラトンって古代ギリシャで活躍した有名な哲学者の…!?
世界史で習ったような気がするっ
悩めるOL
エリカ
ん?
この写真の人もどこかで…

おおお!!
ソクラテス先生をご存知で!
ソクラテス先生は私の尊敬する師でして
フフフ…
私は元々政治家を志していたのですが彼の哲学に感銘を受けてこの道に入ったのです!
ただ少し変わった先生で人と議論を戦わせるのがとってもお好きでさらには完全に論破してしまうという癖があり歩いた後は敗者の山…
ゴゴゴゴ…
そこで私が世の中に先生の哲学を広めるためにこの研究所に身を置いてるのです!
すすごい熱意ですね…!
ゴルギアス
国家〈上〉
パイドロス
ソクラテスの弁明
法律
ロタゴラス

さて
それではあなたのお悩みを伺いましょう
えっと…さっきも言った通り些細な悩みなんですが
ズゥゥゥン…
…SNSが怖いんです
怖い…？
最近ますます流行ってますよね？
私も遅ればせながら始めて…

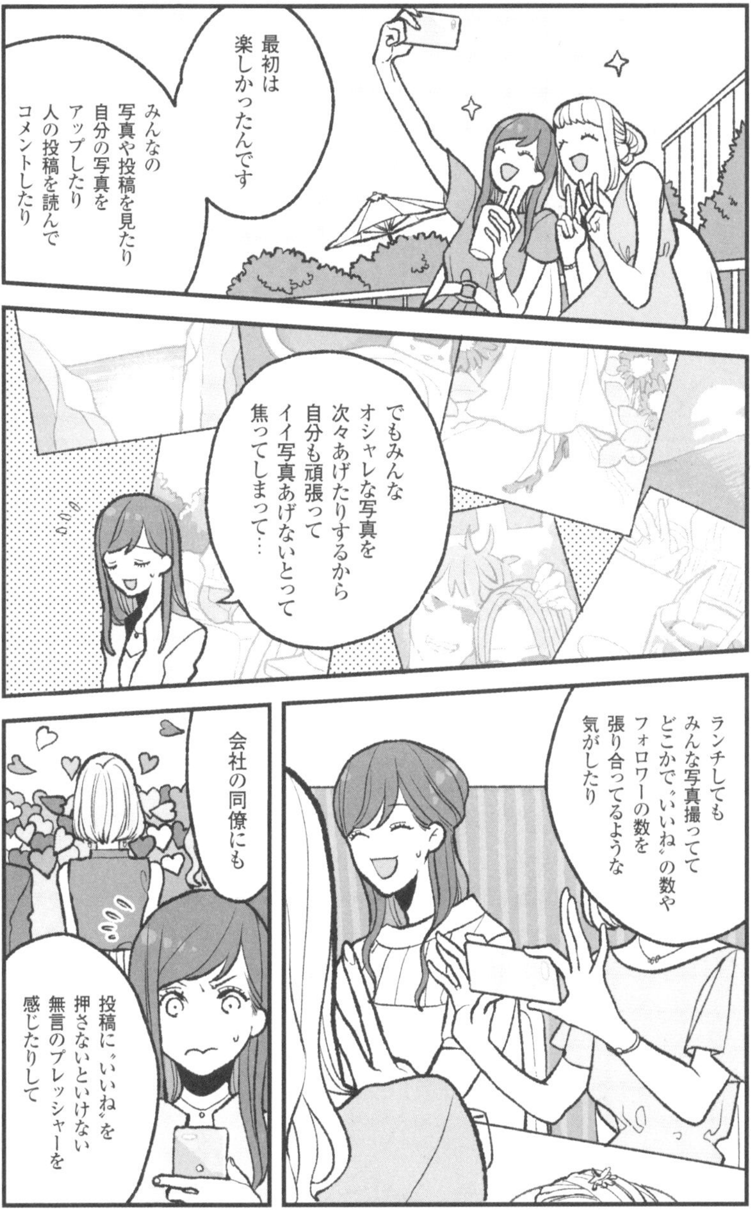
最初は楽しかったんです
みんなの写真や投稿を見たり自分の写真をアップしたり人の投稿を読んでコメントしたり
でもみんなオシャレな写真を次々あげたりするから自分も頑張ってイイ写真あげないとって焦ってしまって…
ランチしてもみんな写真撮っててどこかで〝いいね〟の数やフォロワーの数を張り合ってるような気がしたり
会社の同僚にも
投稿に〝いいね〟を押さないといけない無言のプレッシャーを感じたりして

楽しいはずなのに なんだか モヤモヤしてきて…
この気持ちは なんだろうな〜って
うむ
…あなたも SNSでみんなから チヤホヤ されたいんですね？
そ
そんなこと…
ドキッ
大丈夫です！ なんらかの形で 喝采を浴びたい という願望は 誰しもあります
もちろんそれだけで 満足できるなら それでいい
古代ギリシャにも そんな人は たくさんいました

でもあなたはそれが何かモヤモヤする…
はい…
ではあなたは「魂の配慮」について考えたことはありますか？
たましい…？
やっぱりアヤシイ…？
ああ魂とは
今でいうところの性格・内面や関心といったもののことですよ
ホッ…
より善く生きるためには体の健康に気をつけるように
魂にも配慮すべきじゃないですか？

例えば その服は 本当に着たくて 着ていますか？
え…？ それは…
その食事は 食べたいものを 選びましたか？
その場所は 本当に行きたかった 場所？
人にどう思われるかでなく 自分が気持ちよいどうかを 基準にして考えてみて…
四六時中SNSを 覗いているという つき合い方に あなたは 納得していますか？

…確かに私
実はパンツの方が
楽で好きだし
洋食より
和食派だし
ホントは
休日はひとりで
家でゴロゴロ
したい時も…
…なるほど
こうやって
自分がどう生きれば
気持ちいいかって考えて
選択していくと
少しずつ
つかめるの
かもしれない…
パァッ
そうです！
そうして
自分に向き合って
考えることこそ
哲学の
始まりなのです！

▶▶▶ もっと知るならP.178

より善く生きるため、“魂の配慮”を行おう！

1 悩めるOLエリカがモヤモヤしていた理由とは？

日のちょっとした時間に、SNSをチェックする人は多いのではないだろうか。友人や著名人の投稿を覗くと同時に、自分の近況をSNSにアップすることもあるだろう。そんな時、〝いいね！〟の数が多いほど気分は上がるし、全くつかなければ落ち込むこともあるはず。その気持ちの根っこにあるのは、「自分を見てほしい」「人から評価されたい」という、自己価値承認への欲望だ。現代に限らず、古代ギリシャの時代には名誉欲とも呼ばれ、誰しもが持っている欲望のひとつだった。

当時のギリシャに生きた、プラトンの師であるソクラテスは、「魂の配慮」について述べている。この場合、魂とは人間の精神性であり、心のあり方のこと。人に評価される生き方が、一概に自分の望んだ生き方と言えるのかということを、自分の内側を省みて吟味して確かめようと呼びかけた。人間が本当に配慮し、ケアするべきものは、地位や名誉などの外聞より、自分の内面ではないのかと問いかけたのだ。

プラトンをよみとく
KEYWORD

魂の配慮

魂に気づかい自分らしく生きる

本当に考えるべきは、世間的な評価を高めるといった表面的なことではなく、自己の内面に配慮すること。より善く生きるための道を探すことで、本来の自分の生き方が見えてくる。

ただ生きるのではなく善く生きよ

自分にとっての「善」とは？

魂をより善い方向へと向けかえること。ソクラテスは、自分の内面に配慮することなく、ただ他者の目を気にして生きていくことだけでは、「善く生きる」とはいえないとした。

『ソクラテスの弁明』、『クリトン』

「善く生きる」とはどういうことか？

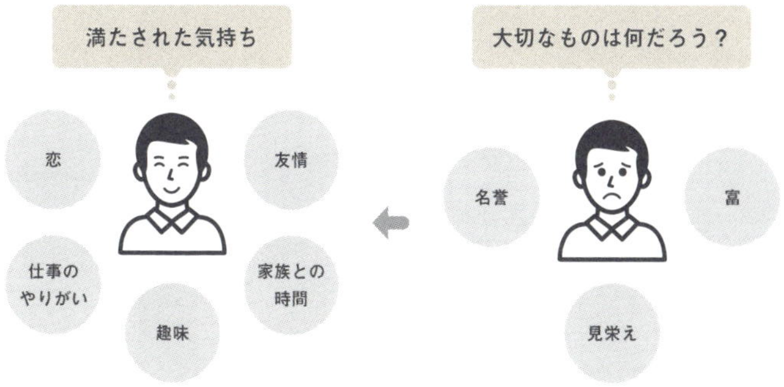

自分が本当に求めているもの、また求めるべきものについて真剣に考える。「善」や「美」などと難しく考えなくても、日常生活の中で自分が満たされているかが重要。

金銭や社会的な地位を得たり、外見を整えたりすることで、他人からの評価は高まるかもしれないが、自分の内面をみがくことに直結するとは限らない。

哲学思考の源は？

“真理を追究した”プラトンの人物像に迫る！

恩師・ソクラテスとの出会いがプラトンの人生を変えた。

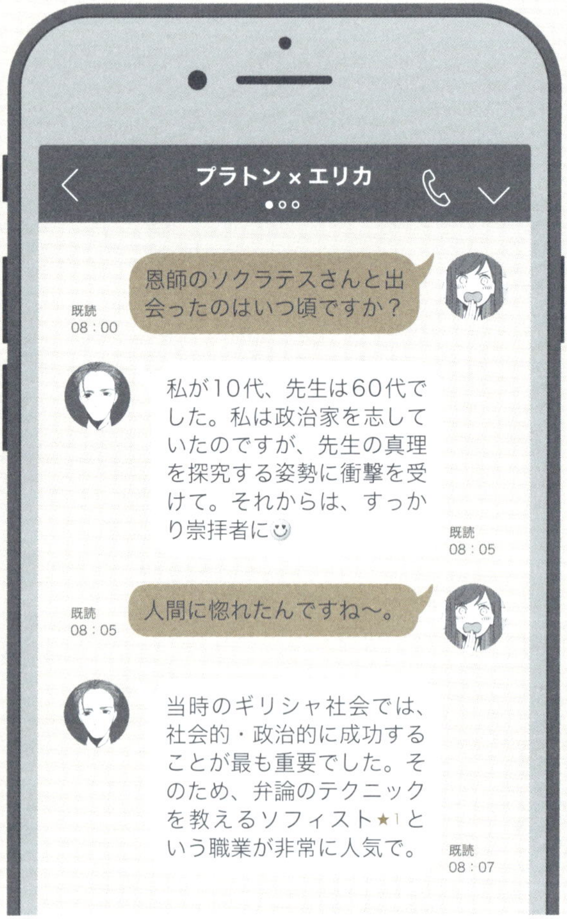
プラトン×エリカ
恩師のソクラテスさんと出会ったのはいつ頃ですか？
既読
08：00
私が10代、先生は60代でした。私は政治家を志していたのですが、先生の真理を探究する姿勢に衝撃を受けて。それからは、すっかり崇拝者に
既読
08：05
人間に惚れたんですね～。
既読
08：05
当時のギリシャ社会では、社会的・政治的に成功することが最も重要でした。そのため、弁論のテクニックを教えるソフィスト★1という職業が非常に人気で。
既読
08：07

★1
紀元前5世紀頃からアテネを中心に、主に富裕層から授業料を取って、弁論術や、政治・法律などを教えた知識人のこと。人を説得することを目的としていたため、真理や倫理などの基準が置き去りになる傾向があった。代表する人物に、プロタゴラス、ゴルギアス。

BC387
BC399
BC427
高
低
40歳頃、研究と教育の場としてアカデメイアを設立。
30～40代、各地を遍歴し、『ソクラテスの弁明』『クリトン』など、ソクラテスの言葉を記した「初期対話篇」を執筆。
28歳、師・ソクラテスの不条理な死と、当時の政治への失望から、哲学者を志す。
10代後半で政治家を志し、ソクラテスに師事。
アテナイ（現在のアテネ）で、貴族の子として生まれる。

プラトンの人生のテンション推移

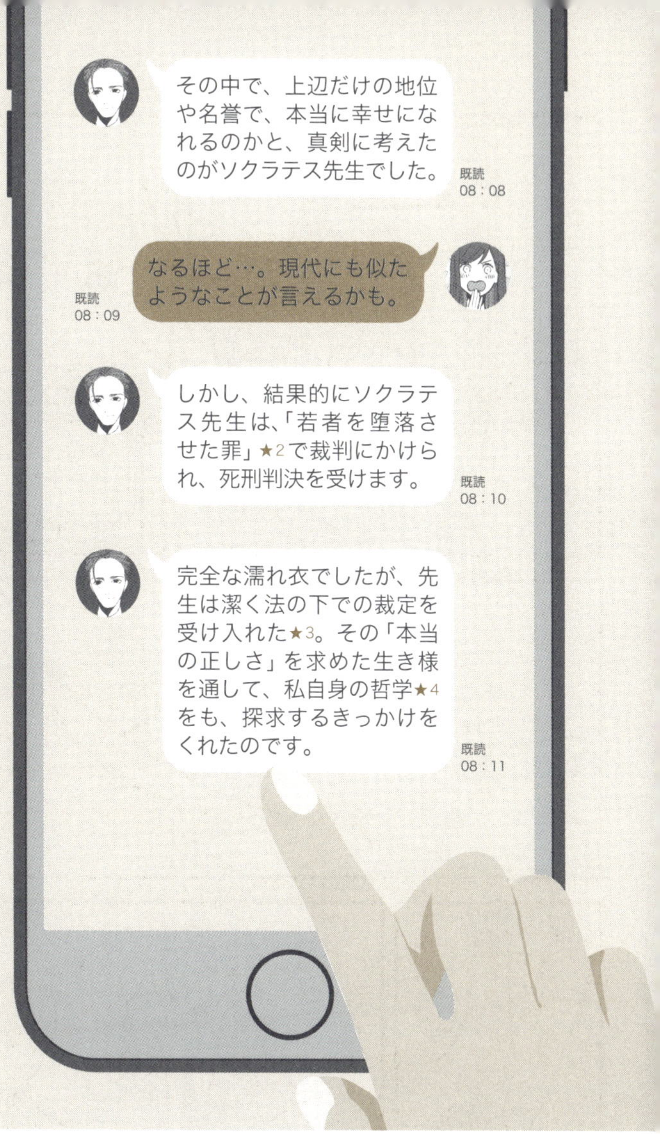
その中で、上辺だけの地位や名誉で、本当に幸せになれるのかと、真剣に考えたのがソクラテス先生でした。
既読
08：08
なるほど…。現代にも似たようなことが言えるかも。
既読
08：09
しかし、結果的にソクラテス先生は、「若者を堕落させた罪」★2で裁判にかけられ、死刑判決を受けます。
既読
08：10
完全な濡れ衣でしたが、先生は潔く法の下での裁定を受け入れた★3。その「本当の正しさ」を求めた生き様を通して、私自身の哲学★4をも、探求するきっかけをくれたのです。
既読
08：11

★2
ペロポネソス戦争（アテネを中心とするデロス同盟と、スパルタを中心とするペロポネソス同盟との間で起きた戦争）の敗因の責任を哲学者に負わせようとした政治家たちが、「国家の信じる神を認めず、若者たちを堕落させた」罪で、ソクラテスを告訴。

★3
ソクラテスは法廷で弁明したが、死刑判決を受ける。そして、周囲が逃亡を勧めるのも聞かず、自ら毒杯をあおって亡くなった（P.113〜、マンガ参照）。

★4
ソクラテスが「善く生きる」という自分の信念を貫き死を選んだことに、プラトンは大きな衝撃を受けた。彼は、「本当の正しさとは何か」という哲学をさらに追究し、イデア（P.178）という独自の考えに至る。

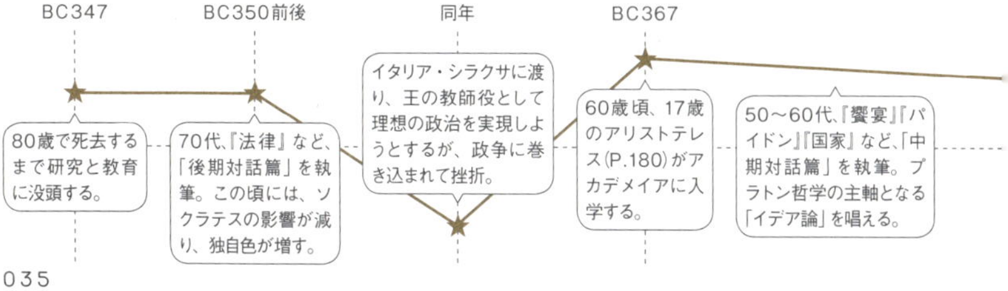
50～60代、『饗宴』『パイドン』『国家』など、「中期対話篇」を執筆。プラトン哲学の主軸となる「イデア論」を唱える。
BC367
60歳頃、17歳のアリストテレス（P.180）がアカデメイアに入学する。
同年
イタリア・シラクサに渡り、王の教師役として理想の政治を実現しようとするが、政争に巻き込まれて挫折。
BC350前後
70代、『法律』など、「後期対話篇」を執筆。この頃には、ソクラテスの影響が減り、独自色が増す。
BC347
80歳で死去するまで研究と教育に没頭する。

進学することの意味とは!?

いや
進学するよ
…たぶん
だけど正直
どの大学も
同じに見えるって
いうか…
親はとにかく
上の大学
受けろっていうし
それが正解
なんだろうなぁ
あれ？
こんなとこに
張り紙なんて
あったっけ？
全てを
…疑え？
全てを疑え！

ようこそ
僕の研究室へ
はっ
ここは…!?
僕はデカルト
ここは悩める者が
迷い込む
お悩み研究所
ルネ・
デカルト
1596 - 1650
フランスの哲学者
君が君自身から
目をそらして
いるので
つい君を招き入れて
しまったよ

僕が
目をそらして…？
何の話ですか？
さきほどの進学の話
君はそれが正解だと
心の底では
思っていないのに…
考えることを
放棄していないか？
え？
…だって
大学に行くことが
正解かどうかなんて
今はわからない
でしょ
親も
そうしろっていうし
それに従うしか…
ふーむ…
何から
疑えばいいのか
わからないなら
全てを疑って
みるというのは？
全てを？

例えば君は本当に進学すべきか？
君は勉強すべきか？
そもそも君はなぜ勉強する？
大学で学ぶのは何のため？
他にやるべきことはないのか？
そうやって疑っていくことが君の正解につながっていくはずだ
いやむしろそんなに全部疑ってたら何もかも信じられなくなりません？
いや！そんなことはないぞ！
私は全てを疑い続けた結果…「私は私である」という真実にたどり着いたのだ！

ど
どういうこと?
例えば
このリンゴは存在しないかもしれない
リンゴを持つ自分も存在しないかもしれない
そもそもこの世界も存在しないかもしれない
だが、これらを疑っている「私」は確かに存在している！
こうやっていくら疑っていっても「私が考えている」ということだけは疑いようのない事実だったのだよ
はぁ
ムズカシイ
私が考える限り私が私であることは不変である…
人間が生まれながらに持つ理性の力を借りて考え続けた私がたどり着いたひとつの答えだ

それでも僕はさらに疑い続けているがね
より自分の理想に近づくために
…確かに僕は今まで将来について考えろと言われても考え方自体がわからなくて
人の意見に乗っかって
自分で真剣に考えることを放棄していたのかもしれません
でも全てを疑って考えを深めていけば僕にとって本当の答えが見えてくるかもしれない
ってことですかね？

…ブ
ハッ
マナブ
どうしたんだ？
急に
黙り込んで
え？
…？
今のは…
夢？
全てを
疑え！
よし！
まずは僕も
全てを
疑ってみるぜ！
はぁ？

▸▸▸ もっと知るならP.182

“全てを疑う”ことで、本当の自分を見つけよ！

悩める高校生マナブが見つけた新しい価値観とは？

私たちは幼いころから周囲に言われてきた物事など、世間的に〝常識〟と呼ばれるものについて、何の疑いもなく信じていることが多い。ぼんやりと疑問を感じたとしても、それを改めて確かめようと思うことは少ないはずだ。しかし、近代哲学の祖と言われるデカルトは、文字通り「全てを疑う」ことで、哲学のひとつの原理を打ちたてた。

デカルトの用いた思考法は「方《ほう》法《ほう》的《てき》懐《かい》疑《ぎ》」と呼ばれ、まず個人は等しく理性を備えるという前提を置く。そのうえで、感覚、自分を取り巻く世界、思考など、少しでも不確実な要素があるものは、疑うべきものとして退ける。しかし、全てを疑いつくしても最後に残るもの、それが「疑っている自分」。つまり「我思う、ゆえに我あり」という結論だ。デカルトが示したのは、人間の誰もが試みることのできる哲学的な思考法。これは、自分の存在だけではなく自分を取り巻く一切の物事に対して、改めて考えなおすことができるという、理性の可能性を示している。

デカルトをよみとく

KEYWORD

方法的懐疑《ほうほうてきかいぎ》

全てを疑うことからスタートする

あえて全ての物事を疑い（懐疑し）、誰もが受け入れられる真理を導き出すこと。世界を認識するうえで、全ての人のスタート地点になる事柄（原理）を定めるために考えられた。

理性

全ての人に備わっているもの

合理的に真偽を判断し、世界の全体像を理解することができる能力。良識とも呼ばれる。デカルトは、理性を全ての人に生まれつき等しく備わっているものとした。

『方法序説』

あえて一切の物事を疑うことで自分の存在を確かめる

考えている自分は
存在する！
体＝
存在しないかも？
外の世界＝
存在しないかも？
全てを疑ってみよう
自然
自分
本
ペット

徹底的に疑うと、確実なものは何も残らないように思える。しかし、一方で疑っている自分の存在だけは残っている。これが「我思う、ゆえに我あり」の根拠となる。

感覚は、あやふやな点が多く、疑わしい。自分の体や周囲の世界も、そもそも存在しているかどうか疑いが残る。思考も、間違えることがあるので確実ではない。

哲学思考の源は？

“理系の哲学者”デカルトの人物像に迫る！

デカルトは、近代哲学に数学的な思考を持ち込んだ。

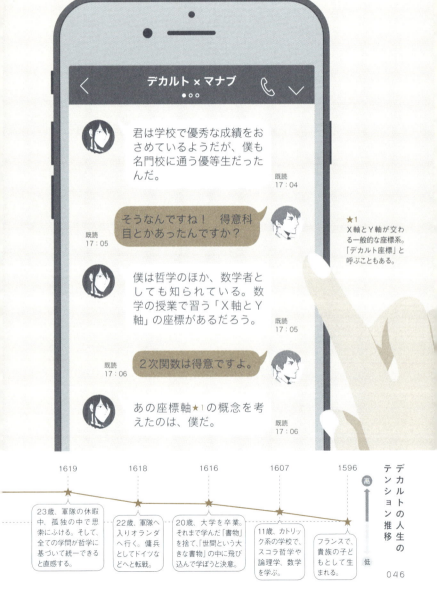

デカルト × マナブ

君は学校で優秀な成績をおさめているようだが、僕も名門校に通う優等生だったんだ。

既読
17：04

そうなんですね！　得意科目とかあったんですか？

既読
17：05

僕は哲学のほか、数学者としても知られている。数学の授業で習う「X軸とY軸」の座標があるだろう。

既読
17：05

２次関数は得意ですよ。

既読
17：06

あの座標軸★1の概念を考えたのは、僕だ。

既読
17：06

★1
X軸とY軸が交わる一般的な座標系。「デカルト座標」と呼ぶこともある。

デカルトの人生のテンション推移

高
低

1596
フランスで、貴族の子どもとして生まれる。

1607
11歳、カトリック系の学校で、スコラ哲学や論理学、数学を学ぶ。

1616
20歳、大学を卒業。それまで学んだ「書物」を捨て、「世間という大きな書物」の中に飛び込んで学ぼうと決意。

1618
22歳、軍隊へ入りオランダへ行く。傭兵としてドイツなどへと転戦。

1619
23歳、軍隊の休暇中、孤独の中で思索にふける。そして、全ての学問が哲学に基づいて統一できると直感する。

既読
17：06
ええー！

僕が方法的懐疑★2という思考法を示した著書も、正式には『方《ほう》法《ほう》序《じょ》説《せつ》および三《さん》試《し》論《ろん》(屈《くっ》折《せつ》光《こう》学《がく》・気象学・幾《き》何《か》学《がく》)』という書名なのだ。
既読
17：07

既読
17：07
つまり、デカルトさんは哲学者でありつつ数学も究めていたというわけですか？

数学では、公理や定義から様々な命題を推理し、正論へと導く。同様に、理性★3を使って物事を正しく推論すれば、世界の真理に到達することもできるはず…。
既読
17：08

僕は、数学的な思考法こそ、全ての学問の基礎となるものと考えたのだ。
既読
17：09

★2
哲学的思考法の基礎となるもの。デカルトは、方法的懐疑によって、あらゆる学問の基礎をとらえなおし、その意義を再検証することができると考えた。

★3
デカルト哲学の優れているところは、人間が等しく備えている理性を用いれば、全ての人が方法的懐疑を行うことができる、ということ。彼が提唱した「我思う、ゆえに我あり」の正しさも、全ての人が自分の理性で再検証することができる。その可能性が、哲学の新たな地平を切り開いた。

1620〜1625
軍隊をやめ、イタリアなどを旅行する。

1628
32歳、ひとりで考える時間をつくるためオランダへ移住。思索に専念する。

1637
41歳、『方法序説』を著し、「我思う、ゆえに我あり」の原理を示す。

1641
『省察』で精神や神の存在について考察する。

1649
『情念論』で精神と体の違いを明らかにしようとする。

同年
女王に請われてスウェーデンへ。早朝5時から講義を行う。

1650
53歳、寒さや早起きがたたったのか、肺炎にかかり死去する。

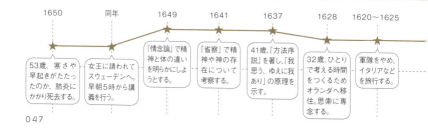

パワハラに対抗する手段とは!?

悩んでる人を放ってはおけません！
みんなで意見交換したらきっと解決策が見つかりますよ！
話を聞いてみましょう
いや！ひたすらにひとりで考え続け理想を追うべきだろう
それに私には散歩の時間が…
最初からひとりで完璧になれる人間なんていないっていつも言ってるじゃないですか！
まだいつもの散歩まであと15分ありますし
GO GO!
あと13分25秒だ

突然すみません
何か悩み事ですか？
へっ？
あっ、僕らは
悩める人々の味方！
テツガクお悩み研究所
の者です
？
ハア
よければ話を
聞かせてください！
お役に立てるかも
しれません
ニコ
ニコ
ムス…
テツガク
？
ゴク…

じ　実は
職場の上司が
とても威圧的で…
上司
隣の席のカオリさんが
目をつけられて
パワハラを
受けているんですけど
私、何もできなくて
悩んでたんです
それはいけませんね
「正義」に反している
え…
あなたは勇気を持って
上司に正論を述べるべき
でしょう
動物は恐怖の前では
間違いなく逃げ出しますが
人間はそこで理性が勝って
踏みとどまることができる
生き物なのです
ズイッ!

それこそが人間の「自由」なのです！
もちろんわかってます！
でも私は派遣社員でその上司に嫌われたら契約終了されてしまうかもと思うと…
突然仕事がなくなったら家賃も奨学金の返済もあるし貯金だってそんなにないし
う…それは…
も〜先輩はいつもくそ真面目なんですから
理想だけでは人がそこへ到達することはできません
現実の問題に阻まれることもしばしばありますし

あなた自身が最良と感じる方法を選ぶことこそ「本当の自由」ではないですか?
「正義」というものは他人と言葉を交わし合うことによって徐々にその姿を現してくるのです
マル
?
サンカク
円錐だった!
例えばある図形を見てひとりは「丸」ひとりは「三角」と主張しているとします
一見対立した反対意見ですけどお互いの理解を深めたらその図形は円錐だというひとつ高い次元に引き上げることができる
なるほど それはすごく素敵ですけど…
でも具体的にはどうしたらいいのでしょう?

まずは
あなたが感じている
「正義」に
!?
共感してくれる人を
ひとりひとり
探し出すというのは
いかがですか？
社内でも社外でも
構いません
それが多数になった時
あなたの生きる世界でも
それが「正義」になるのです
ハッ

そ
そうですね
ひとりでは無理でも他の人と協力したら何か解決の糸口があるかもしれません
まずは相談できそうな人を探してみます!
なんだか勇気が湧いてきました!ありがとうございま…
…すってあれ?
彼は散歩の時間になったので行っちゃいました
では!
空気を読まないことも人間の自由ですよ!

▶▶▶ もっと知るならP.194

理性に従うことで、人は自由に生きられる！

悩める派遣OLハルコにカントが説いた人間らしさとは？

カントは18～19世紀にかけて活躍した哲学者。とても時間に正確だったと言われ、毎日を自ら立てたスケジュール通りに行動していた。散歩に出てきた彼の姿を見て、人々は時計を合わせたと伝えられる。そういった生き方こそ、カントにとって非常に〝自由な〟状態。理性に従い自律的に生きることに、人間にとっての自由があると考えたのだ。

そんなカントが唱えた道徳論は、人間は常に普《ふ》遍《へん》的《てき》立《りっ》法《ぽう》（誰にとっても善であるという普遍的なルール。理性によって導き出されるもの）に従って行動せよ、というもの。道徳的な行為は、個人の都合に応じた「〇〇だから、△△しよう」というような条件付きの行為ではなく、「なすべきこと」として無条件に行うべきだとした。

しかし、価値観が異なる人々の共同体である社会では、個人が徹底して道徳的に生きることは現実的に難しい。そこで、他者と共にルールの基準を見つけ出す方法を提案したのが、ヘーゲル（P.60）だった。

カントをよみとく
KEYWORD

道徳法則

全ての人にいつでもあてはまる規範

誰にでもあてはまる普遍的で、客観的なルール。その根拠を宗教や文化などの慣習に置いてはいけない。自分の理性だけで吟味して、「道徳的である」と判断できるものとする。

定《てい》言《げん》命《めい》法《ほう》

無条件に「○○せよ」という命令

道徳の根拠。自分の意志が、常に普遍的立法（右ページ）にあてはまるように行動するよう、命令するルール。例えば「喜ばれるから人に親切にする」のではなく、理性の命令に従って義務的に「親切にする」ことが求められる。

『実践理性批判』

道徳法則とポリシー（方針）が一致すると、自由になれる

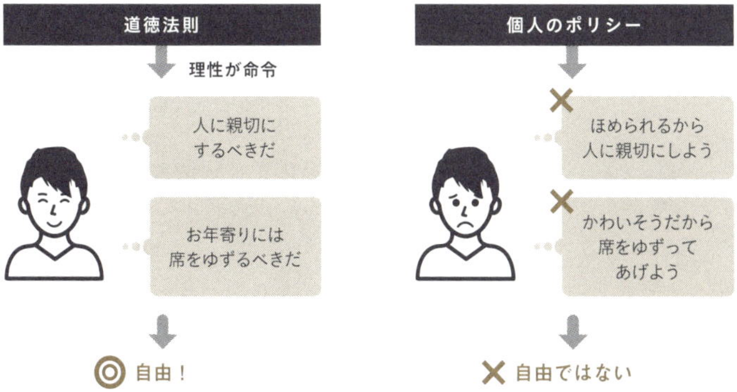

道徳法則、つまり理性が自分に課す「定言命法」に従い、行為を行うことが道徳的。そして、道徳的に生きて初めて、人は自由を得ることができるという。

カントは、他人に何かをしてあげることで自分が幸せになろうとするような行為は、結局自分の欲求に流されているだけで、道徳的ではないとする。

“自由”に生きたカントの人物像に迫る！

規則正しい生活へのモチベーションも、カント哲学の要。

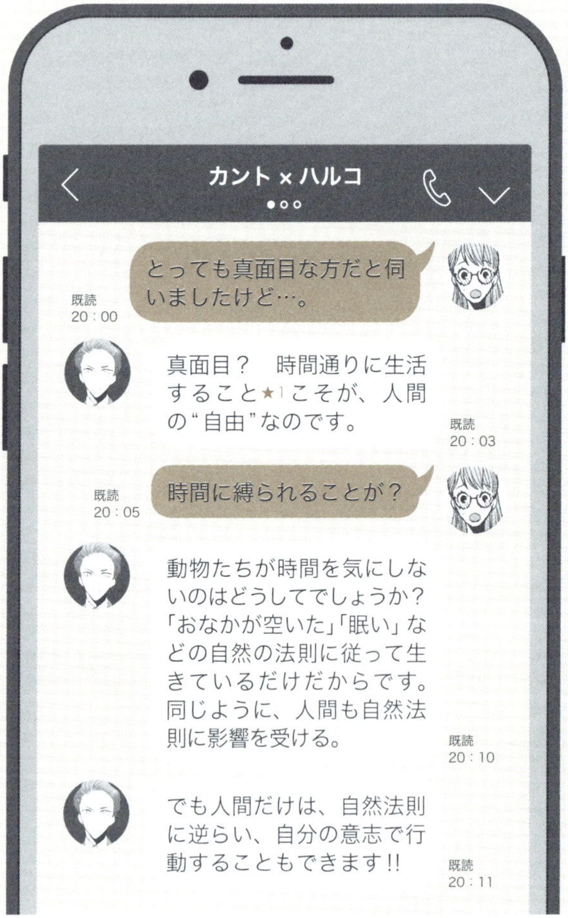
カント × ハルコ
とっても真面目な方だと伺いましたけど…。
既読 20：00
真面目？　時間通りに生活すること★1こそが、人間の“自由”なのです。
既読 20：03
時間に縛られることが？
既読 20：05
動物たちが時間を気にしないのはどうしてでしょうか？「おなかが空いた」「眠い」などの自然の法則に従って生きているだけだからです。同じように、人間も自然法則に影響を受ける。
既読 20：10
でも人間だけは、自然法則に逆らい、自分の意志で行動することもできます!!
既読 20：11

★1
カントは毎朝5時に起き、夜10時にはベッドに入った。決まった時間に散歩をして、食事をした。自分の理念に即した生活を送ることこそが、カントにとって、人間のみに与えられた自由だった。

カントの人生のテンション推移

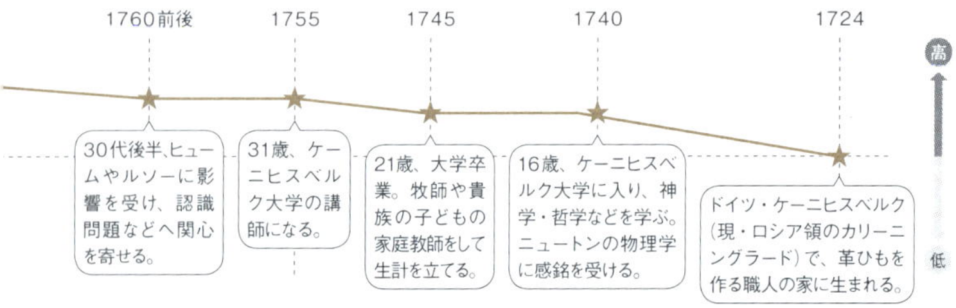
高
低
1724
ドイツ・ケーニヒスベルク（現・ロシア領のカリーニングラード）で、革ひもを作る職人の家に生まれる。
1740
16歳、ケーニヒスベルク大学に入り、神学・哲学などを学ぶ。ニュートンの物理学に感銘を受ける。
1745
21歳、大学卒業。牧師や貴族の子どもの家庭教師をして生計を立てる。
1755
31歳、ケーニヒスベルク大学の講師になる。
1760前後
30代後半、ヒュームやルソーに影響を受け、認識問題などへ関心を寄せる。

★2
ルソー（P.190）が1762年に出版した、小説形式の教育論。子どもが生まれつき備える善性を尊重し、自由で自然な成長を促すことが教育の根本であると説いた。当時は画期的な教育論であり、カントは「人間を尊敬することを学んだ」と語っている。

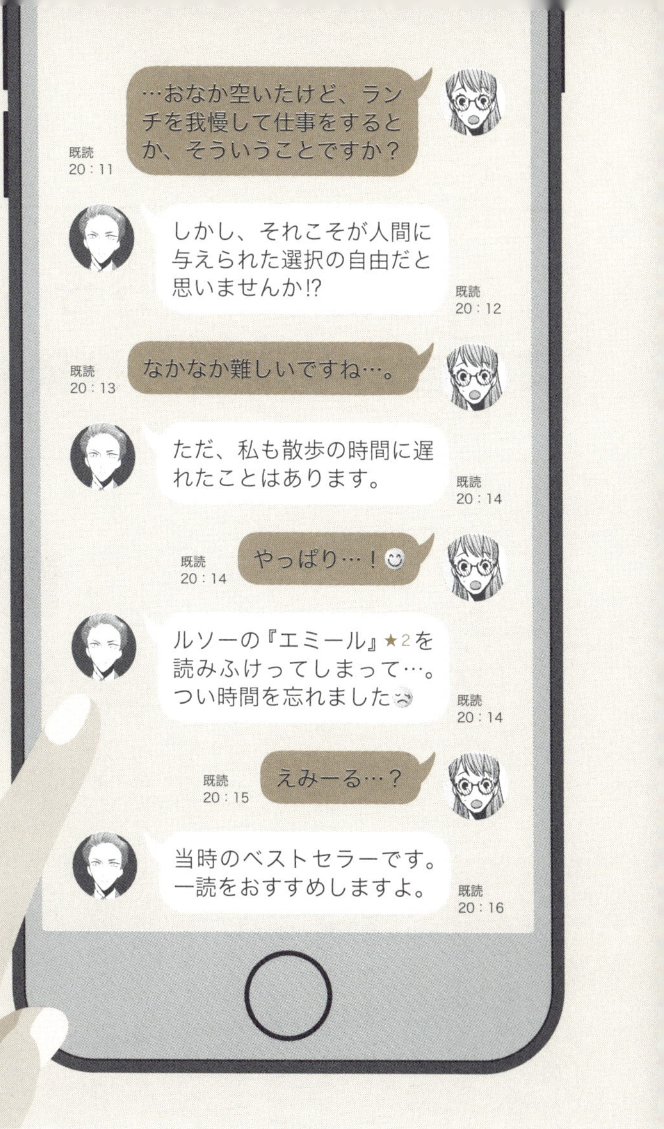
…おなか空いたけど、ランチを我慢して仕事をするとか、そういうことですか？
既読 20：11
しかし、それこそが人間に与えられた選択の自由だと思いませんか!?
既読 20：12
なかなか難しいですね…。
既読 20：13
ただ、私も散歩の時間に遅れたことはあります。
既読 20：14
やっぱり…！
既読 20：14
ルソーの『エミール』★2を読みふけってしまって…。つい時間を忘れました
既読 20：14
えみーる…？
既読 20：15
当時のベストセラーです。一読をおすすめしますよ。
既読 20：16

1804
79歳、ケーニヒスベルクにて、老衰で死去する。

1790
『判断力批判』を著し、カント哲学の体系を形成する「三批判書」の締めくくりとする。

1788
『実践理性批判』を著し、道徳の定義について考察する。

1781
57歳、『純粋理性批判』を著し、人間の理性や認識能力の限界を明らかにしようとする。

1770
45歳、ケーニヒスベルク大学の教授になる。

▶▶▶ もっと知るならP.196

意見をぶつけ合い
真に自由な関係を構築せよ！

悩める派遣OLハルコが状況を打開するためには？

カント（P.56）は、理性で考えれば何が道徳的であるか判断できる、と説いた。そして、道徳的であることこそが人間の「自由」であるとした。しかし実際には、人間の理性は全能ではなく、その状況下の個人が行うひとつの選択が本当に道徳的なのか判断することは難しい。

カントの後に現れたドイツの哲学者・ヘーゲルは、「自由」とは、初めは意志の内側に現れ、やがて次第に他者との関係の中で実現されていくものと考えた。カントの唱えた自由は、欲求から解放され自らつかみとるもの。理想的で、ともすれば実現が難しくなる。ヘーゲルは、全ての人が実現できる「自由」について考えた。それぞれが自分の欲求の中から本当に「よい」ことを選びとり、お互いの「よさ」をともに受け入れ合うこと（相互承認）で、より自由な社会が実現されていくと考えたのだ。

ヘーゲルは18世紀にあって、ビジネスで言ういわゆる「ウィンウィンの関係」の中に、人間固有の自由な関係性を見出したのだ。

ヘーゲルをよみとく

KEYWORD

自由

他者との承認関係のうちで自由を実感できる

共同体における「よさ」は、個人の価値観によって様々。文化や人種などのちがいを超えて、個の人格を尊重し、相互に認め合う関係性においてこそ、自由は実感できる。

弁《べん》証《しょう》法《ほう》

矛盾する意見をぶつけ合いよりよい結論に到達する

主観的な意見の矛盾点に気づき、他者の意見とすり合わせ、よりよい意見に近づけること。意見同士の対立と調停によって、より優れた概念が生まれてくるという考え方。

『法の哲学』、『精神現象学』

「弁証法」で、よりよい社会を実現する

互いに主観的な意見を交わし合うことによって、普遍的で客観的な意見へと高めることができる。

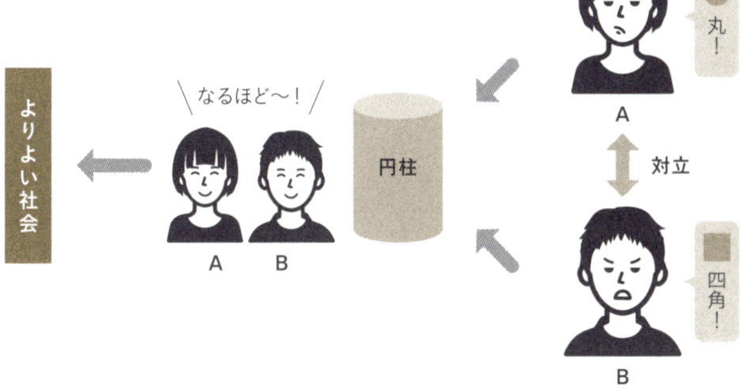

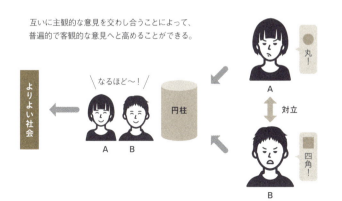

哲学思考の源は？

“知の巨人”ヘーゲルの人物像に迫る！

革命により、近代国家が形づくられ始めた時代に生きた。

ヘーゲル × ハルコ

ハルコ：ヘーゲルさんって、とても前向きなイメージですね。（既読 20:20）

ヘーゲル：それは、僕の生きた時代背景もあるのかもしれません。（既読 20:21）

ヘーゲル：18歳でフランス革命★1が、そして36歳の時にナポレオン戦争★2が起き…、その後、プロセインを中心にドイツ統一の流れ★3が起こりました。（既読 20:21）

ハルコ：すごい！ 激動の時代です。（既読 20:23）

ヘーゲル：新しい時代の訪れを肌で感じて、ワクワクしたものです。（既読 20:24）

★1
1789～1799年にフランスで起きた市民革命。絶対王政末期、中間層であるブルジョアや一般民衆が、王政の廃止や人権宣言を行った。全ての人間に平等な権利を認めるという「人権」の理念は、その後の西欧に大きな影響を与えた。

★2
ナポレオン1世が起こした一連の戦争。ナポレオンは革命後の政情不安が続くフランスで、革命軍の司令官として軍才を発揮し、支持を集めた。1799年に独裁権を得ると、各地に進軍してヨーロッパ大陸の覇権を握り、フランス革命の理念を大陸に広めた。ヘーゲルはイエナに侵攻したナポレオンを目撃し、「馬上の世界精神（世界を圧倒し征服するような個人のこと）を見た」と、記している。

ヘーゲルの人生のテンション推移

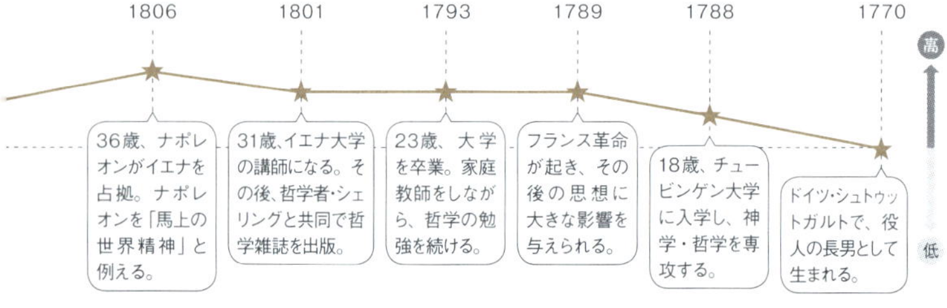

高
低
1770
ドイツ・シュトゥットガルトで、役人の長男として生まれる。
1788
18歳、チュービンゲン大学に入学し、神学・哲学を専攻する。
1789
フランス革命が起き、その後の思想に大きな影響を与えられる。
1793
23歳、大学を卒業。家庭教師をしながら、哲学の勉強を続ける。
1801
31歳、イエナ大学の講師になる。その後、哲学者・シェリングと共同で哲学雑誌を出版。
1806
36歳、ナポレオンがイエナを占拠。ナポレオンを「馬上の世界精神」と例える。

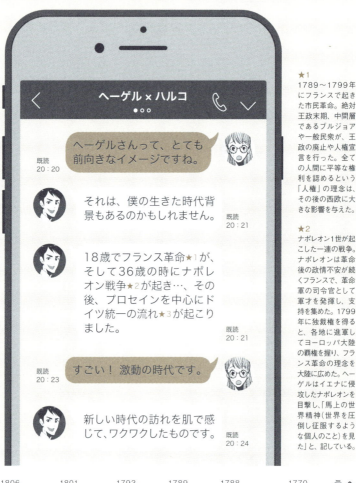

10代の僕は、フランス革命を熱烈に称賛したものでしたが…。しかしその後の国家の紆余曲折を見るにつけ、“本当に自由な社会”を実現するためには何が必要なのか、考え始めました。
既読
20：25

確かに、革命ではたくさんの犠牲が出ましたね。
既読
20：26

人々の対立における矛盾を解消し、認識を深めていけば★4、最終的に世界はよりよい方向に向かう。僕はそう信じていたのですが…。
既読
20：27

現代になると、多様な価値観が現れると共に、様々な矛盾が生まれてきて、なかなか一筋縄ではいかないようですね…
既読
20：28

★3
ドイツは元々、バラバラな小国家の集まりだったが、ナポレオン支配下で行われた自由主義改革により、民族意識が呼び覚まされる。19世紀半ばで、プロセインがドイツ統合の主導権を掌握。1871年、ドイツ帝国が成立した。

★4
ヘーゲルが唱えた哲学の方法的基礎。対立する2つの物事の中にある矛盾を認識し、違いを克服することで、物事がより高い段階へと移ること。弁証法。

1807
36歳、イエナ大学が閉鎖され、新聞社に勤めて生計を立てる。

同年
『精神現象学』を著し、弁証法による思考の展開を図る。

1808
ニュルンベルクにある高校の校長になる。

1811
41歳、20歳のマリーと結婚。

1816
46歳、ハイデルベルク大学の教授に。プロセインによるドイツ統一が始まり、ドイツ民族主義が流行。

1818
48歳、ベルリン大学の教授に。大勢の弟子が「ヘーゲル学派」を形成。

1820
50歳、『法の哲学』を著し、“正しさ”の本質について考察する。

1831
61歳、コレラに感染して死去する。

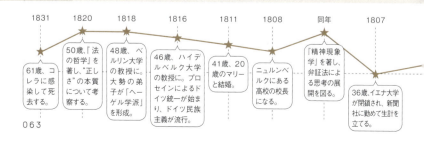

絶対にいつか運命の人が白馬に乗って迎えに来てくれるって信じてるんです！
だからミユコはそれをずっと待ってるんです
悩める？女性
ミユコ
いい年していつまでも夢みたいなこと言わないの
男なんて結婚したらすぐ若い女の子と浮気するのよ
悩める？女性
ヒロエ

自分だけをずっと
見てくれる人なんて
現れるはずないんだから
いい加減
目を覚ましなさいよ！
え〜!?
そんな冷めた考え方しか
できないなんて
本当にかわいそう
このお悩み研究所は
哲学で問題を
解決して
くれるんですよね？
キャピ
ヒロエちゃんを
こんな考えから
救ってあげてください

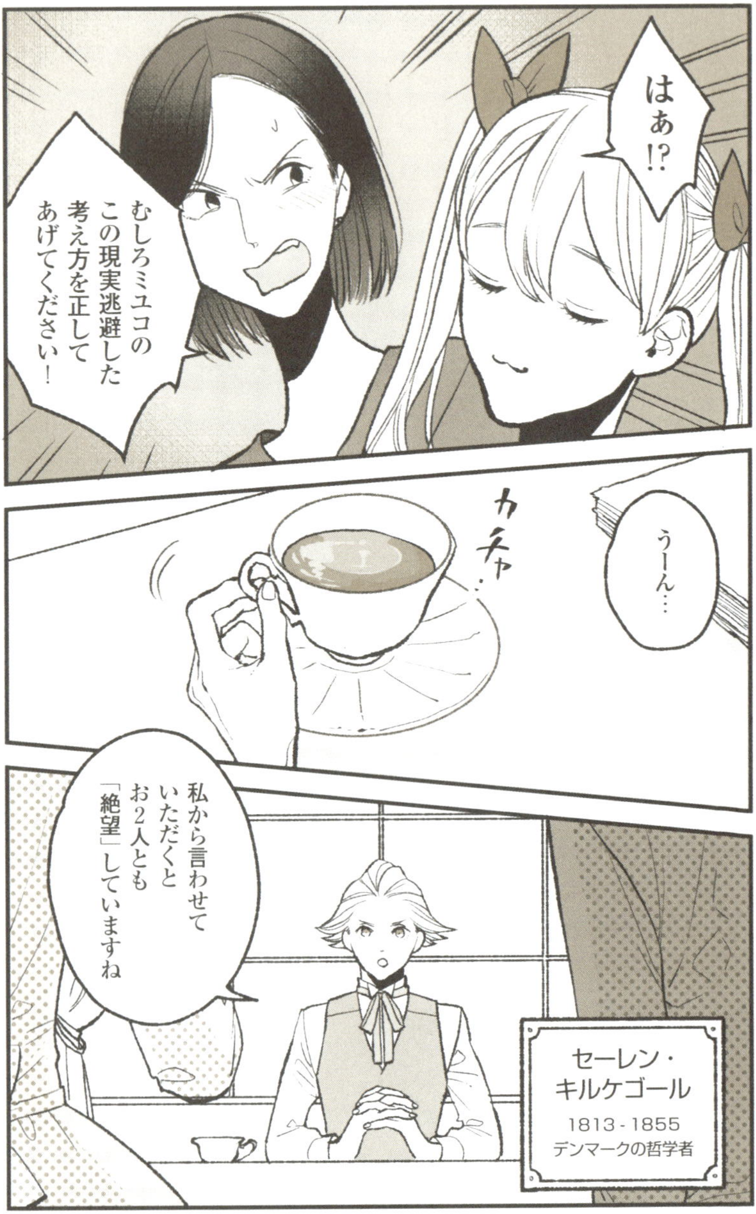
はぁ!?
むしろミユコのこの現実逃避した考え方を正してあげてください!
うーん…
カチャ…
私から言わせていただくとお2人とも「絶望」していますね
セーレン・キルケゴール
1813-1855
デンマークの哲学者

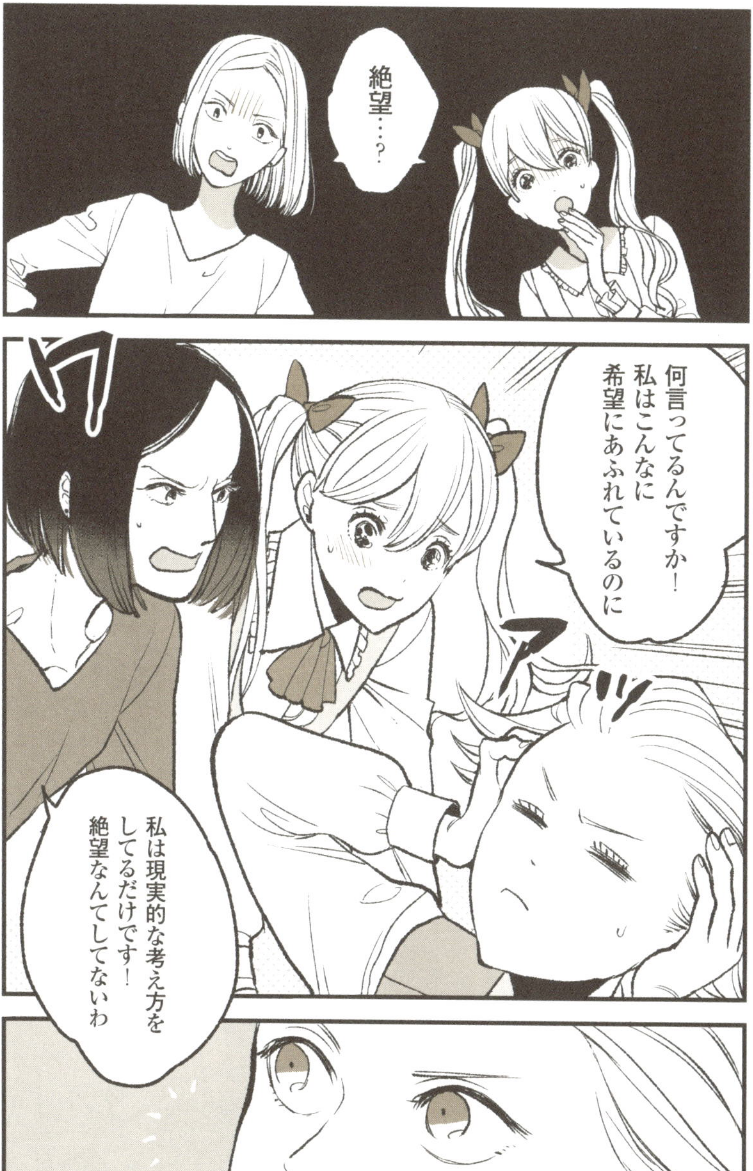
絶望…？
何言ってるんですか！
私はこんなに
希望にあふれているのに
私は現実的な考え方を
してるだけです！
絶望なんてしてないわ

私は
現実逃避し過度の空想にふけることも
そういった空想を全て否定して世間の考えにすがり自ら考えることを放棄するのも
どちらも絶望と考えます
うっ…
じゃじゃあ
空想に浸っても現実を見ても絶望って…
私たちはどうしたらいいんですか!
まあまあ落ち着いて

例えば気絶しかけてる人がいたら「水を持ってこい！」と叫んで水をかけるでしょう？
バッシャーーン
私は絶望しかけている人がいたら「可能性を持ってこい！」と叫ぶのです
可能性…？
それはつまり白馬の王子様がいつか現れてくれるという可能性ですか!?
ズバッ
ちがいます

あなたは理想の相手をただ待っているだけでなく
う
自分で行動した方が出会いの可能性が広がるのでは？
あなたは男性とよい関係を築く努力をする可能性について考えてみましたか？
…
スッ！
空想や世間の考えに頼って理性を放棄せず
自らの可能性を信じること
それが絶望から救われる術《すべ》なのです
みずからのかのうせい…

…まあ…
確かにそう決めつけて考えることをやめるよりは
もう少しいろんな可能性を探してみるのもいいかもね…
ちなみにぃ
チラ…
私キルケゴール先生とってもタイプなんですけど♡
あいにくですが私には心に決めた人がいますので

Chapter 4 Kierkegaard

▸▸▸ もっと知るならP.206

“絶望”することなく自分らしく生きよ！

悩める(?)女性ミユコ&ヒロエはなぜ「絶望」していたのか？

「いつか理想の男性が現れるはず」と夢を語るミユコと、「男性は浮気する生き物」と達観するヒロエ。全く違うことを言っているように見える2人だが、キルケゴールにとっては、どちらも「絶望」した状態だ。

キルケゴールは、人間存在のあり方、つまり「他の誰でもないこの私」について追究することで、「実存の哲学」を創始した哲学者。著書『死に至る病』の中で、「絶望」について述べている。

彼によると、絶望には大きく分けて4つの軸がある。空想の自分を無限に思い描いて満足する「無限性」の絶望と、自分本来の可能性から目をそらしている「可能性」の絶望。一方で、世間の価値観で自分を縛って満足するのが「有限性」の絶望。また、「なるようにしかならない」と、あきらめてしまう「必然性」の絶望がある。いずれも自分を見失い、現実への希望を失っている。「今ある自己」を正面から引き受けてのみ、自分固有の生き方を選びとることができるのだ。

キルケゴールをよみとく
KEYWORD

絶望

本来の自分を見失った状態

絶望には2つの方向性がある。ひとつは、現実から乖離《かいり》した理想ばかりを追い求める姿（「無限性」と「可能性」の絶望）。もう一方は、理想をあきらめて世間や周囲の基準に従って生きる姿（「有限性」と「必然性」の絶望）。どちらも自分を見失い、現実への希望を失っている。

実《じつ》存《ぞん》

今を主体的に生きること

キルケゴール以降の実存哲学では、単なる「物」の存在と区別される、人間存在の独自のあり方のことを指す。一回限りの生を生きる「この私」の存在のこと。

『死に至る病』

「絶望」していないか考えてみよう

絶望②

自分本来のあり方から目を背け、周囲が「よし」とする生き方で自分を縛ってしまう。社会的に成功しても、可能性は制限されてしまい、絶望した状態にある。

絶望①

今現在の自分から目を背け、現実離れした理想に夢を抱く。現実の自分は置き去りにされ、そこに希望はない。理想の自分になるには、現実と向き合うしかない。

哲学思考の源は？

“単独者”キルケゴールの人物像に迫る！

「他の誰でもないこの私」に焦点を当てた初めての哲学者。

キルケゴール×ミユコ×ヒロエ
ねえねえねえ、この前言っていた、心に決めた人ってどんな女性なんですか？
既読 18：00
ノーコメントです。
既読 18：03
ミユコ、困らせないの！
既読 18：05
ヒロエさん、ありがとうございます。ただ、あまりもったいぶるのもアレですから言いますが、元婚約者です。
既読 18：06
元ってことは、今は違うってことですよね？
既読 18：06
あなた空気読みなさいよ！
既読 18：06

キルケゴールの人生のテンション推移

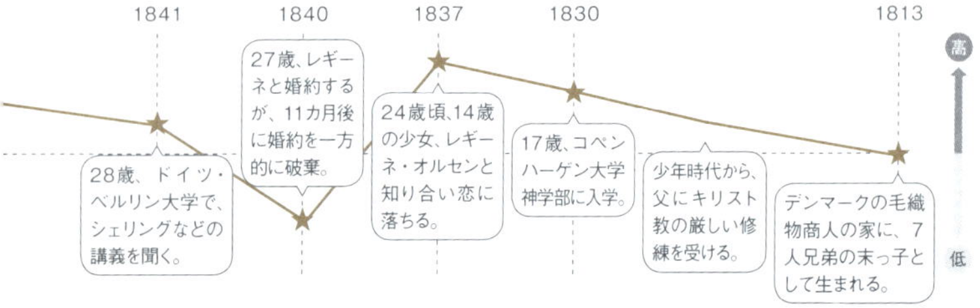
高
低
1841
28歳、ドイツ・ベルリン大学で、シェリングなどの講義を聞く。
1840
27歳、レギーネと婚約するが、11カ月後に婚約を一方的に破棄。
1837
24歳頃、14歳の少女、レギーネ・オルセンと知り合い恋に落ちる。
1830
17歳、コペンハーゲン大学神学部に入学。
少年時代から、父にキリスト教の厳しい修練を受ける。
1813
デンマークの毛織物商人の家に、7人兄弟の末っ子として生まれる。

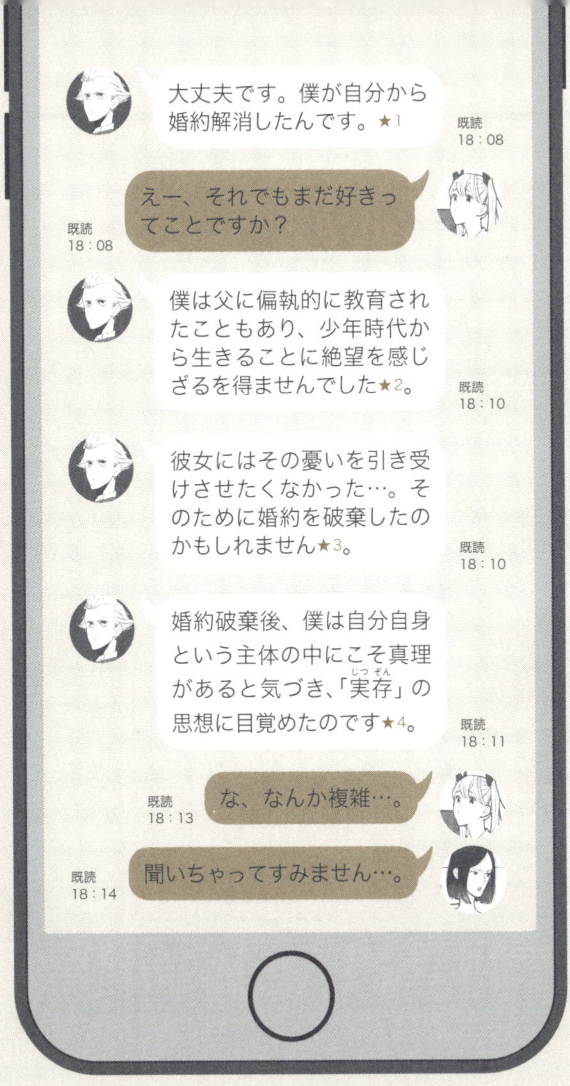
大丈夫です。僕が自分から婚約解消したんです。★1
既読 18：08
えー、それでもまだ好きってことですか？
既読 18：08
僕は父に偏執的に教育されたこともあり、少年時代から生きることに絶望を感じざるを得ませんでした★2。
既読 18：10
彼女にはその憂いを引き受けさせたくなかった…。そのために婚約を破棄したのかもしれません★3。
既読 18：10
婚約破棄後、僕は自分自身という主体の中にこそ真理があると気づき、「実存《じつぞん》」の思想に目覚めたのです★4。
既読 18：11
な、なんか複雑…。
既読 18：13
聞いちゃってすみません…。
既読 18：14

★1
キルケゴールは、27歳の時に17歳の少女・レギーネと婚約。しかし、11カ月後に婚約指輪を送り返し、一方的に婚約を破棄してしまう。

★2
キルケゴールの父は、家政婦（のちのキルケゴールの母）に乱暴して妊娠させたことに罪の意識を感じており、「自分の罪のせいで子どもは34歳までに死ぬ」と予言。キルケゴールは幼少期から絶望や憂鬱を感じる子どもに育った。

★3
キルケゴールが婚約を破棄した理由は、はっきりとはわかっていない。彼の内面にあった罪の意識との葛藤が原因など、様々な説がある。キルケゴール自身は日記に、「この秘密を知るものは、私の全思想の鍵を握る」と記している。

★4
キルケゴールは、ヘーゲル哲学に代表される集団的な論理の正しさではなく、個人の主体性に真理を求める「実存哲学」を創始した。

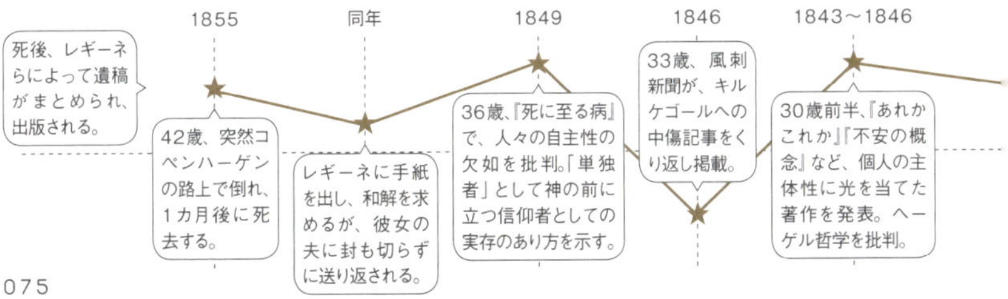
1855
死後、レギーネらによって遺稿がまとめられ、出版される。
42歳、突然コペンハーゲンの路上で倒れ、1カ月後に死去する。
同年
レギーネに手紙を出し、和解を求めるが、彼女の夫に封も切らずに送り返される。
1849
36歳、『死に至る病』で、人々の自主性の欠如を批判。「単独者」として神の前に立つ信仰者としての実存のあり方を示す。
1846
33歳、風刺新聞が、キルケゴールへの中傷記事をくり返し掲載。
1843～1846
30歳前半、『あれかこれか』『不安の概念』など、個人の主体性に光を当てた著作を発表。ヘーゲル哲学を批判。

Chapter 5 ▶ ニーチェ

デキる同僚にムカつくのはなぜ!?

部長だってあいつをえこひいきしてる気がする
うーんそんな感じしませんけどねぇ
すいませんオレ明日早いんで
お先に失礼します！
えっおい!?
なんだよノリ悪いなぁ
あっ、お姉さんビールもう一杯
!?
フフッ

おいっ 今オレを笑ったな？
いえ失礼
フリードリヒ・ニーチェ
1844-1900
ドイツの哲学者
でもキミ うらやましいからと言ってデキる相手を蔑むのは「奴隷」の考え方では？
ど、奴隷!?
オレのどこが奴隷なんだよ!?

私は「ルサンチマン」と呼んでいますが…
あいつばかり幸せなんてきっと悪いことをしてる
あんなに仕事ができるなんてイヤなヤツに違いない
力の強い者を「悪」弱い者を「善」だと決めつけて
自分自身の基準ではなく既成概念だけを評価の基準にすることは
まさに「奴隷」の考え方です

ルサ…？
オ、オレは既成概念だけで評価してるわけじゃ…

でも先ほどのお話を伺っていても「口がうまい」「調子がいい」とおっしゃるだけで決定的な欠点は出てこなかった
今の状態で苦しんでいるキミはただ相手を悪者にしたいだけなんでしょう？
そ、そんなことは…
……

…確かにアイツが努力してるのは知ってる
毎日こまめにお得意さんのところに電話してるし小さい会社のクライアントにも親身に対応してる
オレは大口のお客さんにだけイイ顔して…
生ビールお待たせしました～
バンッ
でも…
オレは奴隷じゃない！
ビクッ

これ以上
負けてられるか！
オレだって頑張れば
あいつに追いつける
はずだ
途中まで
独走で気が緩んで
作るのサボってた
資料や提案書
仕上げて
明日の朝一番に
挨拶回りの
アポとって…
あっ
お姉さん
お会計！
あっ
ありがとう
ございます
この
ビールは…

ありがとうな
兄ちゃん！
お礼にそのビール
オレのおごり！
パアァ
じゃーな！
普段は私
お酒は飲まない
のですが
今夜は1杯だけ
いただき
ましょうか
実はお水

▸▸▸ もっと知るならP.208

自分自身の価値観をつくり出せ！

悩める営業マンのタグチは、どうしてニーチェに「奴隷」と呼ばれたのか？

社会を生きるうえで、誰しも大なり小なり、自分と他人を比べてしまうものだ。自分より優秀な同僚、恵まれた環境の友人、お金持ちの知り合い…、それらの人々に、つい嫉妬心を抱いてしまったことはないだろうか。心の中で、「チッ」と小さく舌打ちをしたくなるような気持ち、それがニーチェの示した「ルサンチマン」という概念だ。

19世紀に生きた哲学者・ニーチェは、それまでキリスト教が示してきた善悪のあり方について根本から考えなおした。彼によると、「貧しき者は幸いである」などの言葉に代表されるキリスト教思想の根本にあるのは、「現実への恨み」。現実がうまくいかないために、強いものが悪く、弱いものこそ正しい、という逆転の発想が生まれたという。しかし、本来の人間の姿にふさわしいのは、自身を力強く肯定する正のエネルギー。負のエネルギーであるルサンチマンに縛られないためには、人と比べても揺るがない、自分固有の価値観を確立することが重要だと考えた。

ニーチェをよみとく
KEYWORD

ルサンチマン

デキる相手を蔑むのは奴隷？

嫉妬心、恨み。自分より優れた相手に対して抱く、負の感情のこと。結果的に弱い自分を「よい」として自己肯定し、本来の善悪の基準をゆがめてしまった奴隷的な価値観。奴隷道徳。

超《ちょう》人《じん》

運命を肯定せよ！

ニーチェが提唱した、キリスト教に代わって人間の新しい指針となるもの。既成概念を離れ、どんなに苦しい現実が訪れても自分の存在を肯定する、人間の理想像。

『権力への意志』、『道徳の系譜』、『ツァラトゥストラ』

究極のポジティブ人間「超人」を目指せ！

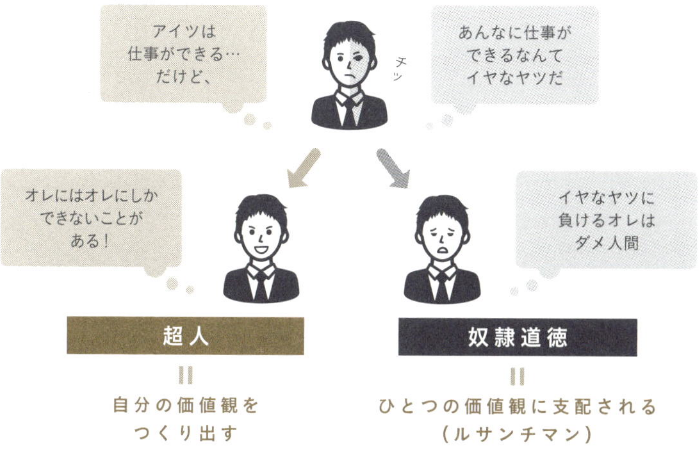

「弱者がよい」とする奴隷的な考え方では、自分の生を肯定することは難しい。
「よい」ことを「よい」とする、自己肯定を基本にした価値観を模索していくことが大切だ。

“力強さ”を求めたニーチェの人物像に迫る！

逆境さえも、自分の哲学的思考の源とする生き方を貫いた。

ニーチェ×タグチ

その落ち着き、どんな人生を送ってきたんだ!?
既読 23：00

なかなか一筋縄にはいかない人生でした。幼い頃の父の死★1、友人との別れ★2、そして最大の人生の試練は…失恋★3。
既読 23：03

えーっ、意外!!
既読 23：03

ただ、私が絶望したかというと、そうではありませんよ。
既読 23：05

失恋の悲しみの中で、ある著作のアイデアを得て、書き上げたのが『ツァラトゥストラ』★4です!!
既読 23：05

★1
ニーチェの父は勤勉な牧師だったが、ニーチェが5歳の時に事故で死去した。

★2
オペラ作曲家・ワーグナーの音楽に心酔し、ワーグナー自身とも親しくつきあった。ニーチェは自らの論文でもワーグナーを絶賛するが、のちに彼と絶交する。ワーグナーの歌劇における興行師的な姿勢に幻滅したため、とされる。

★3
ルー・ザロメという女性と出会い、求婚するが断られる。ザロメは、詩人のリルケや哲学者のフロイト（P.212）とも親交があった、知的な女性だった。

フロイト（P.212）

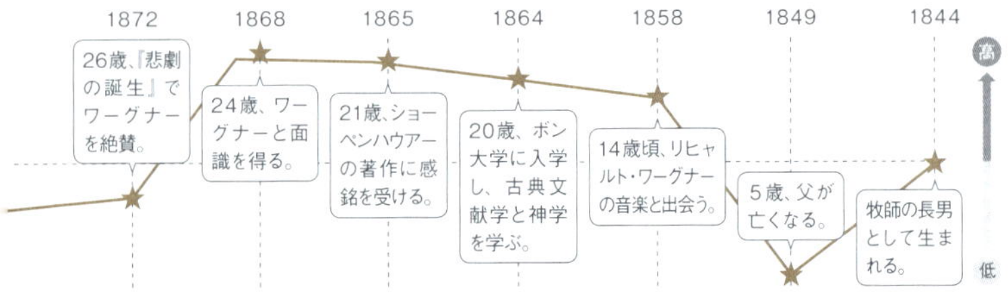

ニーチェの人生のテンション推移

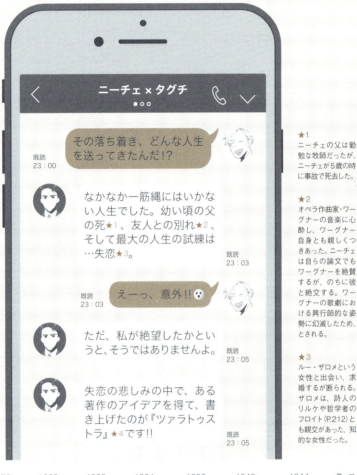

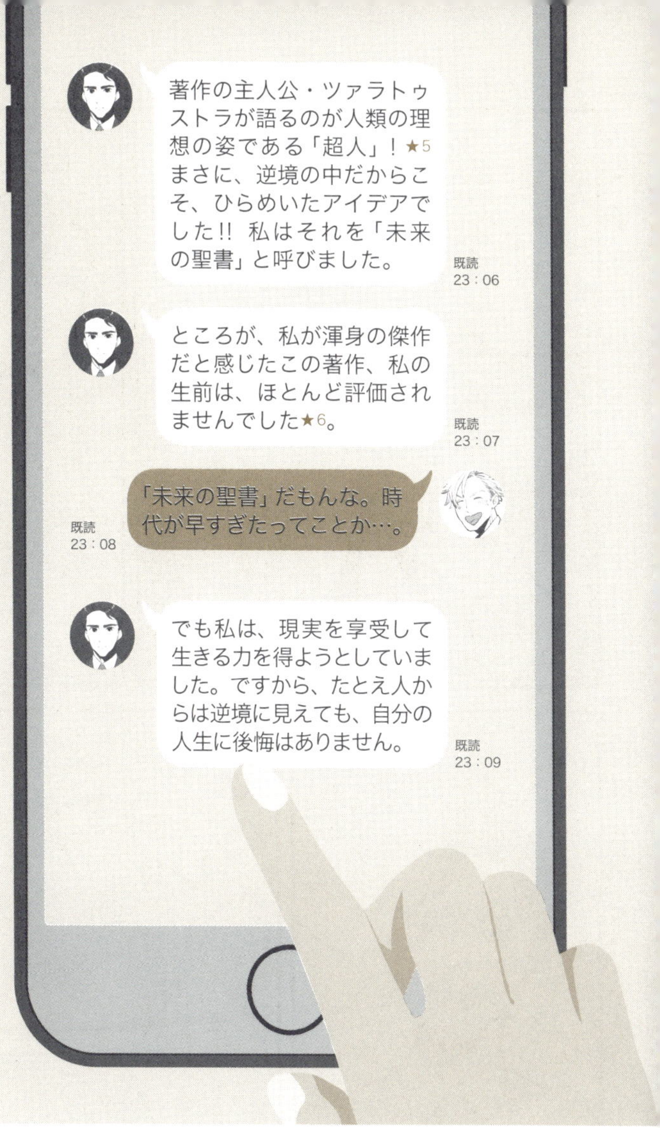
著作の主人公・ツァラトゥストラが語るのが人類の理想の姿である「超人」！★5 まさに、逆境の中だからこそ、ひらめいたアイデアでした!! 私はそれを「未来の聖書」と呼びました。
既読 23：06
ところが、私が渾身の傑作だと感じたこの著作、私の生前は、ほとんど評価されませんでした★6。
既読 23：07
「未来の聖書」だもんな。時代が早すぎたってことか…。
既読 23：08
でも私は、現実を享受して生きる力を得ようとしていました。ですから、たとえ人からは逆境に見えても、自分の人生に後悔はありません。
既読 23：09

★4
ツァラトゥストラは、いわばニーチェの分身。彼がニーチェの思想を世界に布教していくという物語になっている。4部からなるが、第4部は出版元も得られず、自費出版で40部刷るにとどまる。ツァラトゥストラはゾロアスター教の開祖の名だが、著作の内容とゾロアスター教は、特に関係ない。

★5
現実の苦しみに文句を言うことなく、自分の生に納得し、理想に向かおうとする存在。

★6
1889年、ニーチェは滞在先のイタリアの路上で突然昏倒。目ざめた後にはすでに正気ではなく、その後は実家に引きとられて余生を過ごした。著作が注目を浴び始めたのは晩年で、自分の成功については、理解できずに生涯を閉じた。

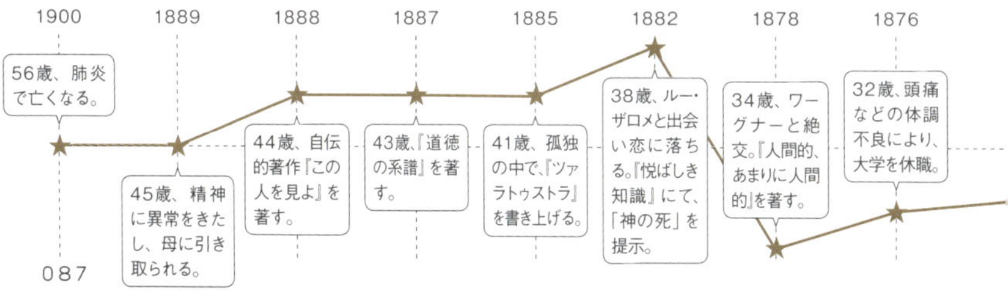
1900
56歳、肺炎で亡くなる。
1889
45歳、精神に異常をきたし、母に引き取られる。
1888
44歳、自伝的著作『この人を見よ』を著す。
1887
43歳、『道徳の系譜』を著す。
1885
41歳、孤独の中で、『ツァラトゥストラ』を書き上げる。
1882
38歳、ルー・ザロメと出会い恋に落ちる。『悦ばしき知識』にて、「神の死」を提示。
1878
34歳、ワーグナーと絶交。『人間的、あまりに人間的』を著す。
1876
32歳、頭痛などの体調不良により、大学を休職。

好きな人の前ではうまく話せないのはなぜ!?

恋愛の相談
哲学者
ニーチェ
(Chapter 5参照)
…ですか?
はい! 恥ずかしくて 友達にも 相談できなくて…
悩める青年
コウジ
でも兄が 先日居酒屋であなたに アドバイスをもらったと 聞いてこちらなら、と!
スッ
!?
申し訳ありませんが 恋愛は専門外※でして
え!? そうなんですか!?
その代わり ぴったりの先生を ご紹介しますよ
一番奥の部屋へ 行ってみて ください

※ニーチェの人生最大の試練は、ルー・ザロメという女性への失恋だった(P.86)。

一番奥
ここだ…
ド
わっ
あら失礼
あっ こちらこそ 前を見てなくて すみませ…
ひゃ～ キレイな人
スタイルもいいし モデルとか…?
あっ
スタ スタ…
あの人 女優の 麗《うるし》ヶ丘《おか》ケイコ!?
ハッ

このあいだ週刊誌に不倫をスクープされて今めちゃくちゃ大変なはず
あら バレちゃいました？
彼女がここに来ていたことはどうぞ内密にお願いしますね
あなたは…!?
ジョルジュ・バタイユ
1897 - 1962
フランスの哲学者
バタイユと申します ニーチェから伺ってますよ
実は彼女 なぜ人は不倫の恋を魅力的に感じてしまうのかという深刻な悩みをお持ちでしてね
ふ 不倫したいという欲求を抑えられないってことですか？
キャー!!
あなたは浮気や不倫をしたいですか？
え!? いえ僕は不倫だなんて…

では不思議に思いませんか?
「不倫」は禁止されている行為のはずなのに小説やドラマ、映画は不倫を題材にしたものであふれている…
そ それは…
それはまさに僕の研究テーマ「エロティシズム」における「禁止の侵犯」に感じる魅力に似ています
つまり「禁止されたらやりたくなる!」という心理ですね
男性が女性に特にエロティシズムを感じるのも
禁止されているあるいは隠されている対象だからだということが根底にあるのです

まあでもこの
エロティシズムは
実は人間にしかない
感情なので
本当は何より
人間らしい感情という
ことになるのですがね
へぇ～！
ガチャ
では
あなたの相談も
早速お伺い
しましょうか
実は僕
最近好きな子が
できたんですけど…
その子の前だと
赤面してうまく
話せなくなるんです
それをどうにか
克服できないかと
悩んでまして
ほほう
ちなみに
どんな子
なんですか？

えっと… バイト先の先輩 なんですけど
年上なのに お姫様みたい というか…
ふわふわしていて 天然というか すごく純粋で 守ってあげたい というか〜！
ではこんな言葉を 知っていますか？
「人は美を汚すために 美を望んでいるのだ！」
いえ…
ど、どなたの 言葉ですか？
僕です！
……

つまり
人間は「美しいものほど汚したくなる」という欲望を持っていると僕は考えているのです
あなたはそんな自分に無意識に罪悪感を抱きその女性と対峙するたびに赤面してしまうのではないですか？
そ そうなんですかね…？
確かにそう言われれば…？
でも大丈夫ですよ！
罪の意識を抱くことはありません

↑ミユコ(Chapter 4参照)

▸▸▸ もっと知るならP.224

エロティシズムこそ人間らしさのあらわれ

悩める青年コウジが好きな女性と話す時に赤面する理由は？

好きな人を前にするとあがってしまい、とたんに話せなくなる…そんな経験はないだろうか。20世紀に活躍したフランスの哲学者・バタイユは、著書『エロティシズム』において、フロイトやニーチェの思想、宗教学や人類学からの見解をベースに、人間が本質的に持つ欲望について論じている。彼が研究した「エロティシズム」とは、「禁止の侵犯」に感じる魅力と同義だ。何らかのルールを一時的に破ることで得られる快楽であり、人間固有の欲望でもある。

美しい顔や衣服を汚す時に得られるエロス的な喜びのために、人間は「美」を求める。そして、恋愛における侵犯とは、「美」を汚すことに等しいという。好きな人を前にすると、無意識的にそんな自分の感情に罪悪感を抱き、あがったり赤面してしまうのかもしれない。しかし、エロティシズムは、人間の本質と強く結びついた概念と言える。そう、自分の感情に罪悪感を抱くことはないのだ。

バタイユをよみとく

KEYWORD

エロティシズム

動物にはない人間に固有の欲望

人間は、集団で労働を行う社会に生きている。社会を維持するためには一定のルールが必要だが、そのルールを一時的に侵犯することによって得られる喜びがある。それがエロティシズム。「人間らしさ」と言い換えることもできる。

禁止の侵《しん》犯《ぱん》

禁止は侵犯されるためにある

異性など「禁止された存在」を侵犯したいと求める欲望。美の背後に隠されたものを暴きたいという気持ち。人間にしか見られず、動物的、本能的な生殖活動とは、根本的に異なる。

『エロティシズム』

「禁止されるからやりたくなる」のが人間らしさ

押したらダメ！
食べたらダメ！
開けたらダメ！
反対にやってみたくなるのはどうしてだろう？
好きになったらダメ！
汚したらダメ！

「タブーを犯す」という不安のもと、一時的にルールを破ることに感じるドキドキ感が、ゲームに興じる高揚感にも似て、人をその行為に駆り立てるのかもしれない。

哲学思考の源は？

“至高性”を追究したバタイユの人物像に迫る！

エロティシズムを通して、人間の生について考察を続けた。

バタイユ × コウジ

ちなみに、ご自身も恋愛のエキスパートですよね？

既読
19：00

ふふ…。ただ僕は、20代前半まで、熱心なカトリック信者★1だったんですよ。

既読
19：05

それが、ニーチェを読むうちに、考え方を根本から覆されてしまって。

既読
19：05

20代後半からは、一貫して無神論者です。そして、「死」や「エロティシズム」の観点から、人間の至高性について考え続けました。

既読
19：06

★1
バタイユの父は梅毒を患っており、半身不随だった。そして、母はその夫を献身的に介護していたという。そのせいかはわからないが、両親が無宗教にもかかわらず、バタイユは10代でカトリックに入信し、20代前半まで敬虔な信者として過ごした。しかし、その後は信仰を一切捨てた。

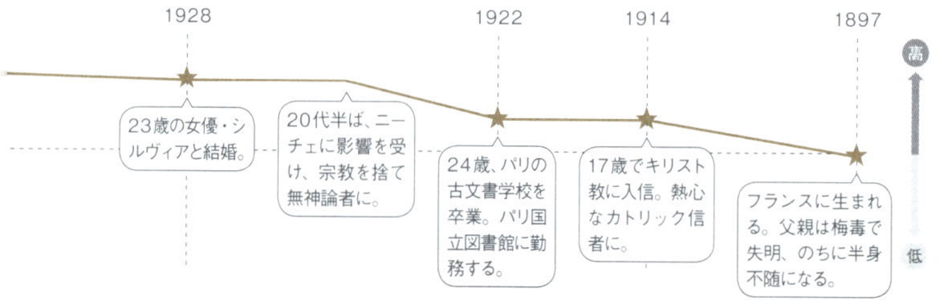

高
低
1897
フランスに生まれる。父親は梅毒で失明、のちに半身不随になる。
1914
17歳でキリスト教に入信。熱心なカトリック信者に。
1922
24歳、パリの古文書学校を卒業。パリ国立図書館に勤務する。
20代半ば、ニーチェに影響を受け、宗教を捨て無神論者に。
1928
23歳の女優・シルヴィアと結婚。

バタイユの人生のテンション推移

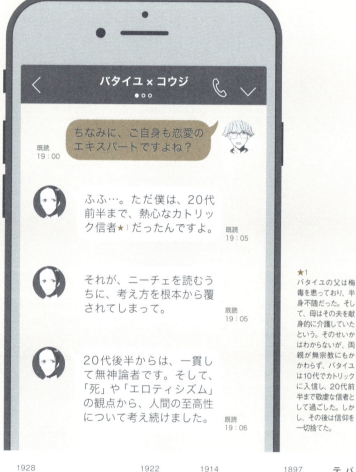

★2
バタイユは、匿名で『眼球譚』『マダム・エドワルダ』などの小説を出版。『眼球譚』では、凄絶な死とエロティシズムを描いた。

僕、あの後に小説『眼球譚』★2を読んで衝撃を受けました。いろんなアプローチで、エロティシズムについて迫ったんですね…。
既読 19：07

ただ、エロティシズムについて、僕は最近、ひとつの疑問を抱いています。
既読 19：08

この思想、確かに男性にとっては、ピンとくると思うのですが…。果たして女性も同様に感じるものなのでしょうか。
既読 19：08

それはこれから、議論していくべき点です。
既読 19：09

そこでぜひ、あなたの意中の女性にもご意見を。
既読 19：09

そ、それは絶対無理です…。
既読 19：10

- 同年　初の小説『眼球譚』を発表。その後、論文や小説など様々な形で出版を続ける。
- 1935　38歳、「コントル・アタック」という反ファシズム運動を試みる。
- 1937　39歳、秘密結社「アセファル（無頭人）」を結成。無神論の立場から、新しい共同体をつくろうと模索。
- 1943～1945　自分の思想を集約した全3巻の『無神学大全』を著す。
- 1957　小説などで扱ってきたテーマを論理的に集約した『エロティシズム』を出版。
- 1962　64歳、病で死去する。

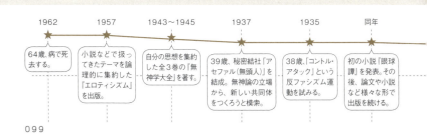

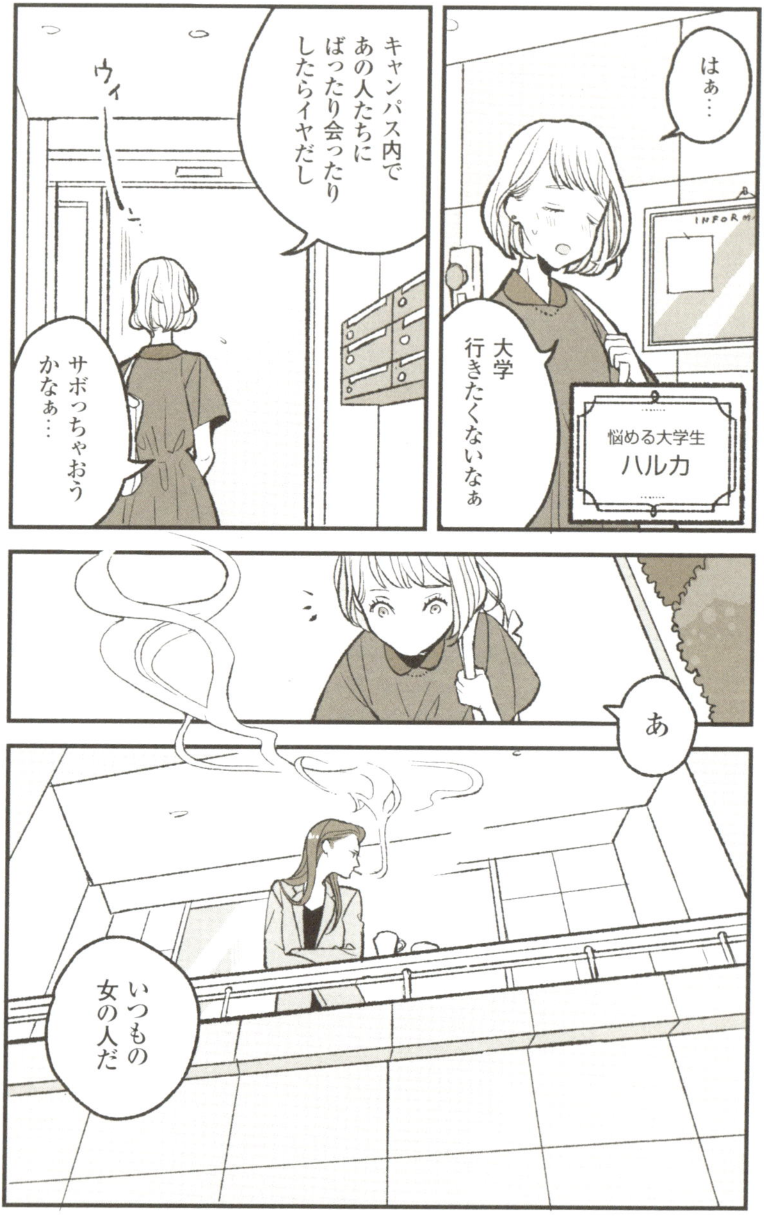
はぁ…
大学行きたくないなぁ
悩める大学生
ハルカ
キャンパス内であの人たちにばったり会ったりしたらイヤだし
ウィーン
サボっちゃおうかなぁ…
あ
いつもの女の人だ

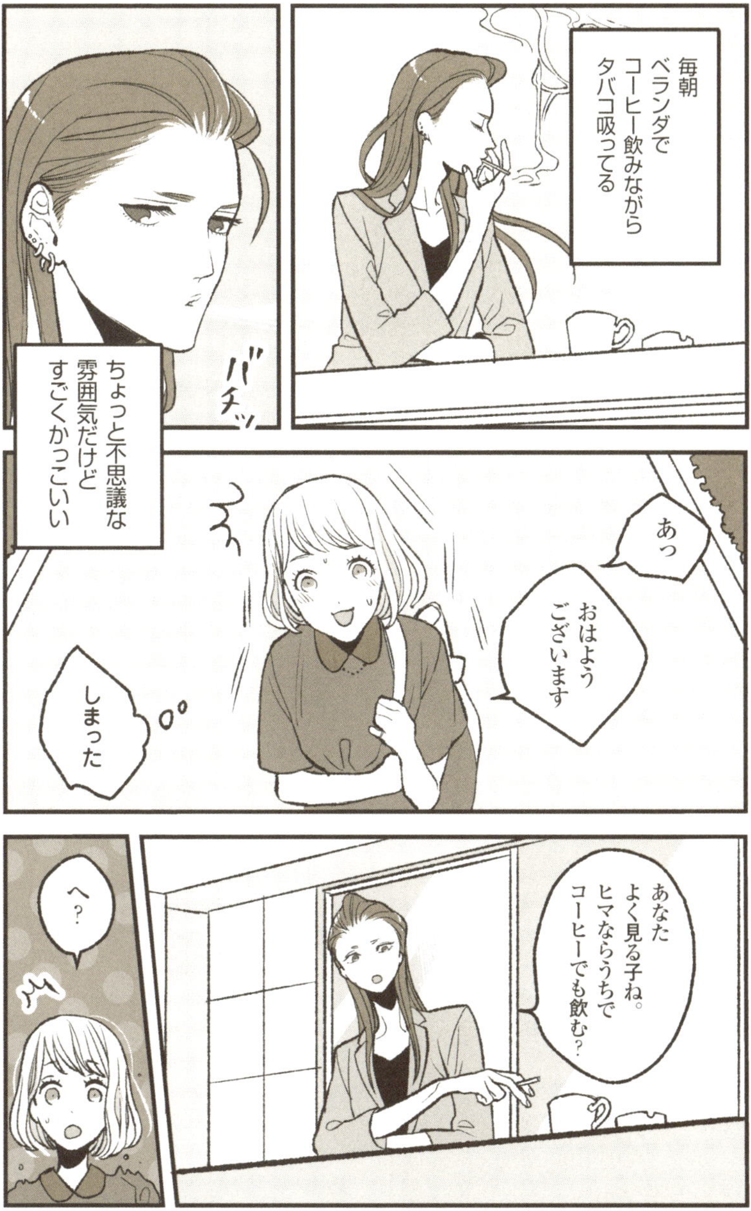
毎朝
ベランダで
コーヒー飲みながら
タバコ吸ってる
バチッ
ちょっと不思議な
雰囲気だけど
すごくかっこいい
あっ
おはよう
ございます
しまった
あなた
よく見る子ね。
ヒマならうちで
コーヒーでも飲む?
へ?

カチャッ…
ありがとうございます
あなた学生よね？…行きたくなかったんでしょ？
え…？

大学
その顔見たら
わかるわよ
…実は所属していた
サークルに
馴染めなくて
やめちゃったんです
イベントサークル
だったんですけど

取り仕切ってるイケてる系の子たちに認められないと存在価値ナシって感じで扱われるからみんなビクビクしてて
よくあるスクールカーストっていうやつですかね？
すごくイケてる
まあまあイケてる
ふつう
イケてない
グループチャットもしょっちゅう来るけど既読スルーもできないし面倒になっちゃって…
でも正直サークルやめたら一緒に過ごす友人もいなくてヒマを持て余してるんですよね…

……
悪は
悪人がつくり出すのではなく思考停止の凡人がつくる
へ？
人は孤独の不安や虚しさから一体感を求めるのよ
昔も今も変わらないものね

……?
わ 私も 思考停止の凡人 だったってこと?
あなたのような大勢が その集団を 形成したってことね
そ そんな…
でもあなたは 今それを知ったわ
考えるべき問題は これからどうして いくかじゃないの?

…!
このままでいいわけない…
…コーヒーもう一杯飲んでいく?
…いえ
もう大学に行きます
コーヒーごちそうさまでした!
Hannah（ハナ）
Arendt（アレント）

アレントに学ぶ　　哲学思考

▸▸▸ もっと知るならP.226

集団に取り込まれず個として生きよ！

悩める大学生ハルカがサークル活動で感じたギャップとは？

ドイツ生まれの哲学者・アレントはユダヤ人であったために、ナチスからの迫害を受け、アメリカに亡命して国籍を得た。彼女は、著書『全体主義の起源』で、ナチズムなどの心理的な基盤を分析。特に、ナチスの幹部だったアイヒマンの戦争裁判の傍聴をもとに著した『エルサレムのアイヒマン』では、世界的な論争を巻き起こした。

アレントは、「全く思考していないことが、最大の犯罪者のひとりになる素因だった」と述べる。ごく平凡な人間が、思考を止めることによって周囲に染まり、悪となる――。実は、「悪」ではないにせよ、集団で生きるうえでそういったことはざらにある。「みんなが賛成なら」という軽い気持ちで、同じ価値観を信じて安心することはないだろうか。学校や職場の人間関係の中で、ヒエラルキー（階層組織）が生まれ、徐々に「正しい」価値観が共有されていく…。そんな、どこにでもある情景に対して、アレントは鋭く指摘する。「人は考えることをやめてはいけない」。

アレントをよみとく

KEYWORD

全体主義

全体の意識が自分の意識になる

個人の権利や利益よりも、全体の利益が優先されること。背景には、社会の中で居場所を失った大衆が、心の拠《よ》り所を求め、自らが安住できる世界観に同調する心理などがある。

悪の凡《ぼん》庸《よう》さ

凡人だからいい人、ではない

悪は、必ずしも悪魔的な人物から生まれるわけではない。ごく普通の人間が、現実から目をそむけ、思考することを放棄して、政治的な権力に盲従することによって生まれることもある。

『全体主義の起原』、『エルサレムのアイヒマン』

集団の意見が常に正しいとはかぎらない

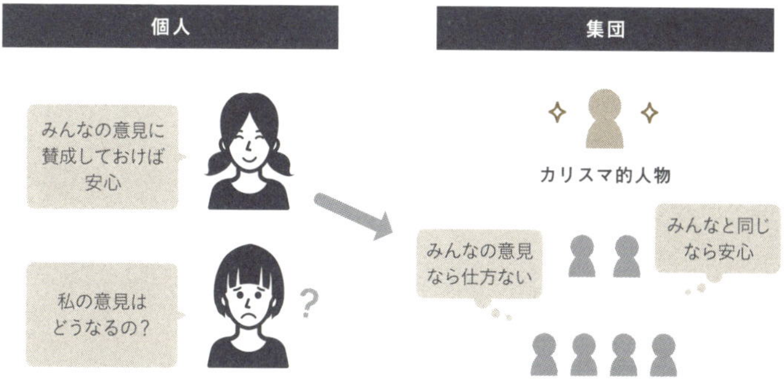
個人
みんなの意見に賛成しておけば安心
私の意見はどうなるの？
集団
カリスマ的人物
みんなの意見なら仕方ない
みんなと同じなら安心

集団として活動することは、安心感をもたらす。また、個人が団結することで集団としての発展は期待できる。しかし、個人の意志が尊重されないならどうだろう。

個人が集団（全体）を構成する一部になる。集団のトップにいる人物の価値観に、所属するメンバーが同調する、または集団としての意見に個人が同調する。

“冷徹な観察家”アレントの人物像に迫る！

哲学、そして恩師・ハイデガーとの出会いから、自身の哲学を確立させた。

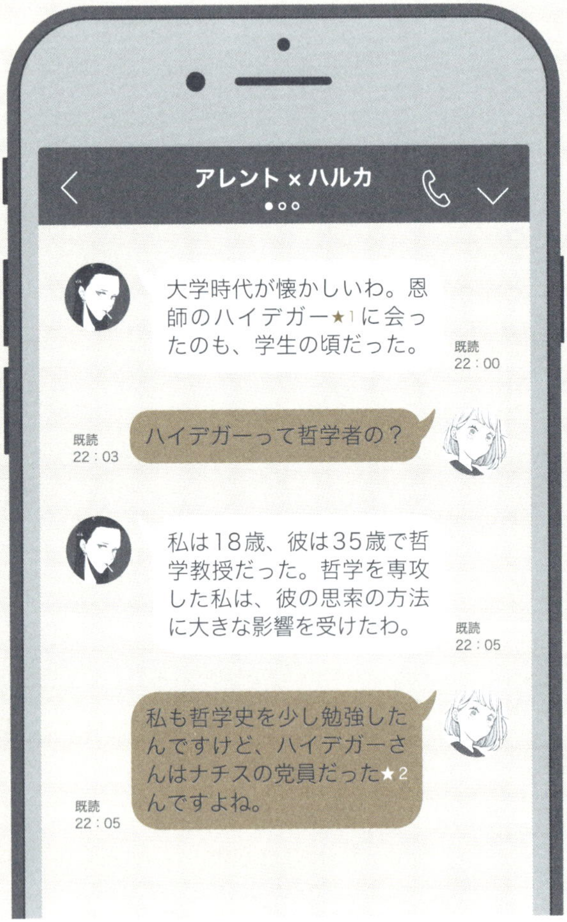
アレント×ハルカ
大学時代が懐かしいわ。恩師のハイデガー★1に会ったのも、学生の頃だった。
既読
22：00
ハイデガーって哲学者の？
既読
22：03
私は18歳、彼は35歳で哲学教授だった。哲学を専攻した私は、彼の思索の方法に大きな影響を受けたわ。
既読
22：05
私も哲学史を少し勉強したんですけど、ハイデガーさんはナチスの党員だった★2んですよね。
既読
22：05

★1
ハイデガー（P.218）はアレントとの出会いによって、主著『存在と時間』の執筆に影響を受けたとも言われる。

★2
ハイデガーは、戦後ナチスを擁護したという理由で大学を追われ、もとの権威を回復するのにも時間がかかった。その際ハイデガーの立場を率先して擁護したのはアレントだった。

アレントの人生のテンション推移

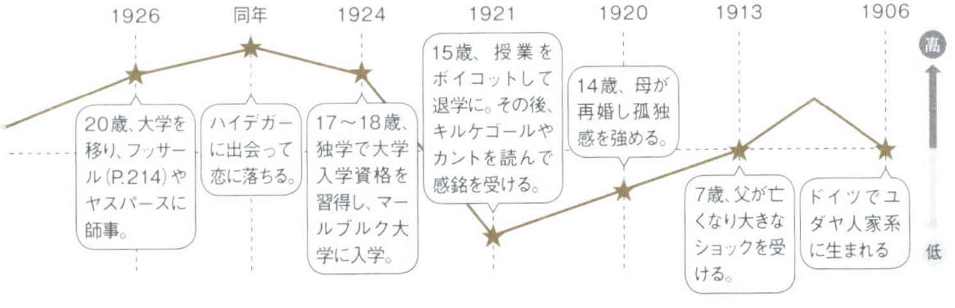
1906
ドイツでユダヤ人家系に生まれる
1913
7歳、父が亡くなり大きなショックを受ける。
1920
14歳、母が再婚し孤独感を強める。
1921
15歳、授業をボイコットして退学に。その後、キルケゴールやカントを読んで感銘を受ける。
1924
17～18歳、独学で大学入学資格を習得し、マールブルク大学に入学。
同年
ハイデガーに出会って恋に落ちる。
1926
20歳、大学を移り、フッサール（P.214）やヤスパースに師事。
高
低

そうね、彼は「ドイツを共産主義から守るためだった」と語ったけど、私は共産主義もナチスも、個性を全く無視したシステムをつくることにおいて、同じ立場★3と考えるわ。

既読 22：07

既読 22：07

ちなみに…

既読 22：07

お二人が恋人同士だった★4って本当ですか!?😆

どうかしら。でも…

既読 22：08

ひとつだけ言えるのは、私はハイデガーに出会ったことで、哲学にのめり込んだということ。哲学者個人の私生活と、その思想の評価がどう結びつくのか、ということについては、今後の議論が待たれるところね。

既読 22：09

★3
著書『全体主義の起源』で、ナチズムやスターリニズムなどの全体主義国家の、歴史的意味を考察している。

★4
アレントとハイデガーは、出会いからアレントの死まで、中断をはさみつつも複雑な関係を続けた。反ユダヤ主義の告発で知られるアレントが、献身的にハイデガーを支えたという事実は、アレントの人間的な側面を表すエピソードでもある。

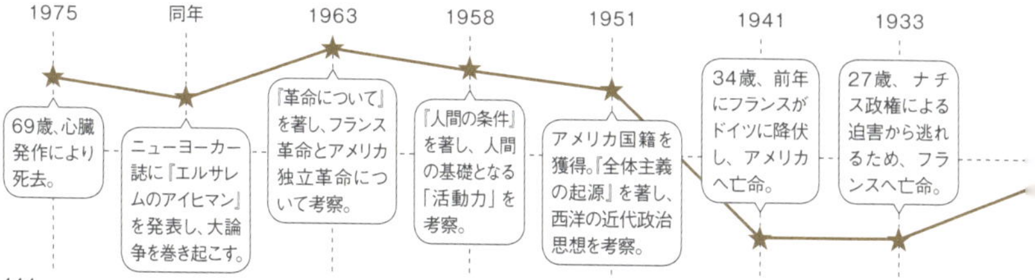
1975
69歳、心臓発作により死去。
同年
ニューヨーカー誌に『エルサレムのアイヒマン』を発表し、大論争を巻き起こす。
1963
『革命について』を著し、フランス革命とアメリカ独立革命について考察。
1958
『人間の条件』を著し、人間の基礎となる「活動力」を考察。
1951
アメリカ国籍を獲得。『全体主義の起源』を著し、西洋の近代政治思想を考察。
1941
34歳、前年にフランスがドイツに降伏し、アメリカへ亡命。
1933
27歳、ナチス政権による迫害から逃れるため、フランスへ亡命。

PHILOSOPHY COLUMN 02

知っておきたい
中国の哲学者たち

紀元前４世紀頃に生まれた、孔子を祖とする儒教と、
老子を源流とする道教は、後世にも大きな影響を及ぼした。

道《どう》教《きょう》

老《ろう》子《し》　BC?-BC?

あるがままに生きよう

春秋戦国時代の思想家。『史記』によれば、周に仕える官吏だった。無為自然《むいしぜん》への復帰を説き、道教の開祖とされるが、実在の人物なのかどうかも定かではない。

思想　儒家の教えを正面から否定し、自然の摂理に逆らわず、あるがままに生きよ（無為自然）と説いた。

荘《そう》子《し》　BC４世紀頃

生の全てを受け入れよう

戦国時代の宋の思想家。その思想は、老子と合わせて老荘思想と称される。主著『荘子』では、道教の根本思想を、寓話《ぐうわ》を用いて説く。

思想　人間がつくり出した、是非や善悪、美醜、貴賤などの価値観を捨て、一切をあるがままに受け入れることに真の自由があると説く。

中国哲学とは

**生活や自然など
現実と深く結びついた思想**

中国では古代から、大小の国々が群雄割拠し、その国の形を維持するために多くの思想家・学派が生まれた（諸子《しょし》百家《ひゃっか》）。一方で、西洋哲学と異なり、哲学と宗教を明確に区別する枠組みはなく、「教え」を守ることが重視される傾向にあった。そのため、西洋哲学の基本である、それぞれの哲学者が命題を根幹から展開していく、という姿勢は生まれなかった。

儒《じゅ》教《きょう》

孔《こう》子《し》　BC552-BC479

「仁《じん》」と「礼《れい》」の大切さを説く

春秋時代の思想家。儒教の祖。50代半ばから十数年、弟子と共に諸国を遍歴し、諸侯に道徳的な政治のあり方を説いて回った。主著『論語』は、孔子の言行を弟子たちが記したもの。

思想　人を愛する心である「仁」と、社会の規範である「礼」を大切にした。仁と礼は一体であり、礼の実践によって、個人の心に仁が守られると考えた。

孟《もう》子《し》　BC372？-BC289？

「性善《せいぜん》説」を唱える

戦国時代の儒家。孔子の継承者を名乗り、諸国を遊説した。言行を記録した『孟子』は、『論語』と共に儒教の経典のひとつ。

思想　人の本性は先天的に善であり、それを発展させれば徳を得ることができるとする「性善説」。

荀《じゅん》子《し》　BC298？-BC238？

「性悪《せいあく》説」を唱える

戦国時代末期の思想家で、楚の官吏も務める。孔子、孟子の後輩にあたり、孟子の「性善説」を否定し、「性悪説」を唱える。

思想　人間の本性は悪であるが、「礼」の教育と実践で徳を得ることができるとする「性悪説」。

コン コン
ガチャッ
プラトン先生 お茶が入りましたが いかがですか?
ああ ありがとう
も〜 今日も ソクラテス先生は 帰ってきませんね
私いまだに ソクラテス先生と 直接お会いできて いませんよ
ひたすら人と 哲学的議論を 交わしていないと 死んでしまうような 人ですからねぇ

でもそれでいいのです
先生にはひたすらご自身の哲学の理想を追い求めていただいて…先生の哲学を自分なりに発展させるのが私の仕事と自負していますから
本当にソクラテス先生を尊敬しているんですね
ええ!
私は先生と出会って世界が変わりましたから!
まあ厳密には先生は弟子を取らない方でしたので実質的な弟子って感じですけどね
…プラトン先生って元々はすごくエリートだったって聞きました

王の血を引く
貴族の息子で
文学や演劇や詩に
造詣が深いうえ
政治家を目指して
いらしたって
ふふ
そうでしたね
でも偶然
街で先生と
出会ったことで
人生がガラリと
変わったのです！
先生はとても
変わった方で
当時の哲学者は
街なかで演説するスタイルが
多かったんですけど
ねえねえキミ
無知なわしに
教えてくれない？
先生は
歩いてる人をつかまえては
疑問を投げかけて
対話していくスタイルで

恥ずかしながら
その頃の私は
自分が物事を知っている
人間だと自負しておりました
しかし先生と
対話していくと
愛とは
なんだ？
よりよく
生きるために
必要なものです
では
よりよく
生きるとは？
正義に
のっとって
生きることです
では
正義とは？
ええと
正義とは…
ついには
先生の問いに答えられず
私は何も知らなかったと
気づいたのです！
それ…
うれしいこと
ですか？
もちろん！
何かを知るためには
「自分が知らない」ことを
知るのが第一歩ですから
これを
「無知の知」と
言います

※神のお告げ。巫女を通じて語られた。

※若者に人気を集めるソクラテスが、政治家たちに危険視された。

待ちなさい
スッ
私は法廷で十分に自身の意見を述べた
もしここで法に従わず私が逃げ出したら今までの主張を自分で否定することになる
それは本当の善を求める者としてあってはならない
先生！それは毒入りの盃…！
…え？

師匠は「悪法もまた法なり」という言葉を残して毒杯を飲み干したのです
ちょっと待ってください じゃあ ソクラテス先生は…？
さあ 今日もたくさん哲学の議論を戦わせましょう！
ソクラテス先生の哲学を発展させるのが私の使命ですから
プラトンは後年ソクラテスの考えからさらに飛躍し「イデア論」という独自の理論を導き出すに至る――

第2章

モヤモヤ解消！

生きやすくなるための哲学

考え方を変えれば、
人生は思った以上に生きやすくなる！
日々のちょっとしたモヤモヤ解消に役立つ、
今日から使える哲学的思考法。

人生の疑問に、哲学的に向き合う 01

自由なのに モヤモヤするのはなぜ？

個人の自由が保障されているはずの現代社会。
それなのに、自由に生きている実感がない…。

自由だからこそいろいろな生き方があり、なおかつその生き方が正しいと保証されない

「自分の人生をどのように生きればいいのか」。絶対的な答えや価値観が示されないのが、現代の社会だ。「自由」という名のもとに、いろいろな生き方のかたちが提示されるが、その生き方が正しいのかどうかは、誰も保証してくれない。「必ず幸せになる」方法は、どこにも書かれていないし、誰も教えてはくれないのだ。

また、「自由」だからといって、必ずしも自分の望んだ生活が送れるわけではない。個人が等しく自由であるからこそ、個々の才能や運が人生を左右し、夢や目標は必ずしも達成されない。自由なのにモヤモヤする…、その理由は、「自由な生き方を認めてくれる社会」に生きているはずが、「限られた生き方しかできない」ことに納得できないからではないだろうか。しかし、自分の人生は、自分にゆだねられたものであるからこそ、精いっぱいそれに対峙するしかない。まずはその姿勢で、自分なりに納得のいく答えを探してみよう。

完全に「自由」に生きることは難しい

夢は
ミュージシャン

コンビニの
バイトだけど
夢は捨ててない

ケガで選手は
あきらめたけど

子どもたちの
指導者として
充実の日々

希望通りの
一流企業勤務

仕事が楽しいわけ
じゃないけど
稼ぐために仕方ない

その生き方に納得している？

たとえ夢がかなえられなくとも、選んだ道で納得感が得られれば、
「自由」は実感できるはず。反対に、自分の希望通りに生きていたとしても、
日々の生活に納得していなければ、本来自分が望んだこととは
ちがうのかもしれない。自分の中の“答え”は人それぞれだ。

哲学者が与える考え方のヒント

キルケゴール
絶望
P.73

「今ある自分」に不満を抱き、「こうあればよかったのに」と空想したり、「なるようにしかならない」とあきらめたりすることで、人は「絶望」に陥ってしまう。

ニーチェ
権力への意志
P.209

「生きること」は、苦悩や矛盾に満ちている一方で、一瞬かもしれないが幸福も存在する。現在の生を受け入れ、自分固有の人生を肯定することが大切だ。

そもそも、現代人は本当に自由なの？

自由に生きようとしても、
どこか息苦しさを感じてしまうのはどうしてだろう？

絶対的な支配者がいないため一見自由だが、一方で「常識」という権力が出現

フランスの哲学者・フーコーは、現代社会にひそむ「権力」について、鋭く指摘する。かつて中世では、王様の権力が人々を支配していた。その権力が姿を消した近代以降、人々は自分自身がつくった「常識」という権力で自分たちを支配している、というのだ。

「自由」と思える現代社会でも、SNSで何気なくつぶやいたひと言が、「常識外れだ」として炎上する。ネットワークが張り巡らされた時代だからこそ、多数派による少数派への干渉は、頻繁に起こるようになった。そして、「常識外れだ」と非難した人々自身は、自分たちが「権力」をふるっているとは思わないだろう。「常識」は、「この世界の真理」に等しいものととらえられているからだ。

しかし、かつてのキリスト教において、神の存在が確信されていたように、現代の「常識」が一過性のものではない、と誰が言えるだろうか。いつか「常識」は覆るかもしれないのだ。

現代人を縛る見えない権力とは？

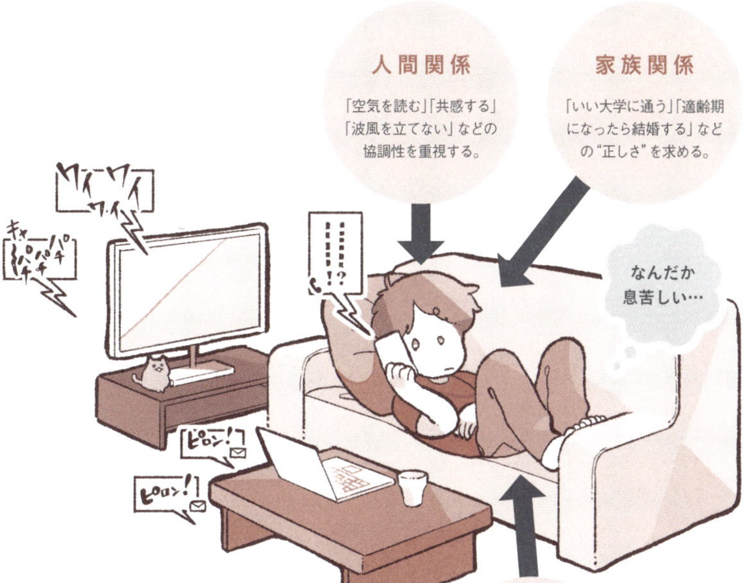

人間関係
「空気を読む」「共感する」「波風を立てない」などの協調性を重視する。
家族関係
「いい大学に通う」「適齢期になったら結婚する」などの“正しさ”を求める。
キャー
なんだか息苦しい…
ピロン！
ピロン！

世論／SNS
「感動」「幸せ」「健全」「清潔感」などのプラスイメージを称賛する。

自由なはずが、様々なルールに縛られて生きざるをえないのが現代。フーコーは、時代特有の「知の枠組み」を「エピステーメー」と呼び、真に個人の幸せが実現する社会とは何かを考えた。

哲学者が与える考え方のヒント

フーコー
エピステーメー
P.230

フーコーにおいては、それぞれの時代における「知の枠組み」のことを指す。人々は、その枠組みに沿って世界を認識しており、普遍的な認識は成立しない。

ホッブズ
リヴァイアサン
P.188

社会の構成員が合意して、自らの権利を絶対的な権力に委譲することで、社会の秩序が維持されるという考え方。かつては絶対王政に通じるものがあった。

全員が平等なら みんな幸せになれる？

問題視されている社会的な格差。では全員が平等なら、社会全体が幸せになれるのだろうか？

本当に幸せな社会の実現のためには「自由」と「平等」の両立が不可欠

現代社会は、貧富の問題から、「格差社会」と呼ばれることがある。では、格差を全てなくしてしまえば、幸せな社会が実現するのだろうか。歴史的に見ると、「万人の平等」という理想を掲げて発足した社会主義国家は、例外なく独裁政治に行き着いている。

この問題について考え続けてきたのが、近代哲学だ。そこでは、「自由」と「平等」を両立させるための原理（方法）が問題になった。まずは、**生まれや性別を問わず、全ての人間を一個の人格として認めるという平等性**が大原則。具体的には、教育を受ける権利や選挙権などが、全員に等しく与えられるということ。もちろん人々の間に貧富の格差は存在するが、税金など様々な制度によって財産の再分配を行い、平等をなるべく確保していく。その一方で、**努力したら報われるという「自由」**。富を獲得する努力も、人々の「自由」だ。その自由が認められない社会、つまり平等が強制される社会は、やはり幸せの重要な条件を欠いている。

「平等」と「自由」は両立する？

社会的に適度な救済措置が必要

全ての人が平等だと、努力が報われずに不幸せ。
一方で、スタート地点がちがいすぎるがゆえに、努力しても報われない社会も不幸せ。
全ての人々が幸せであるためには、社会全体のバランスが大切だ。

哲学者が与える考え方のヒント

ミル
質《しつ》的《てき》功《こう》利《り》主《しゅ》義《ぎ》
P.202

ベンサムの考え方を一歩進め、知性や道徳観を育む教育で、うれしさ・楽しさ・喜ばしさなど、知的な満足度(質の高い幸福)を高めることを目指した。

ベンサム
最大多数の最大幸福
P.201

国家の中で、幸福になる個人の総数が最も多くなるように統治することが正しいとする考え方。ベンサムは、独自の基準による快楽の計算方法を考案した。

モテたら、必ず幸せになれる？

「モテ」は性別や世代を超えて、多くの人が興味を持つ分野。
モテることがそんなに大切？

恋愛のチャンスは増えるかもしれないが必ず幸せになれるかはわからない

「プラトニック・ラブ」というプラトンの言葉は、一般的に「性欲を伴わない精神的な恋愛」ととらえられている。しかし、厳密に言うと、その解釈は正しくない。プラトンは、恋愛には段階があり、まずは「見た目」から入る、と言っているのだ。次に、美しい行いなど「行為の美」、最終的には「魂の美しさ」にたどり着く。つまり、そもそも外見の美がなければ、魂の美にはたどり着けない…ということ。

現代でも、美しい外見は「モテる」ための必須条件だ。一方で、モテる人が深く愛されるかどうかについては、必ずしも言い切れない。つまり、モテれば必ず幸せになれるわけではない。

しかし、だからと言って、「モテ」を否定することは、その価値観をねじ曲げているだけ。人間的な魅力には様々な要素があり、「モテ」はひとつの価値観のあり方を超えない。そのことに気がつくことで、「モテ」だけではない、自分の新たな魅力にも気がつくのではないだろうか。

モテることが幸せと感じる理由は？

複数に自分の価値を認められる

＝

自己価値承認への欲望が満たされる

「モテ」は、ひとつの価値観のあり方。モテることで、自己価値承認への欲望が満たされる。また、恋愛におけるチャンスも広がる。

モテることだけを意識して、現実逃避や絶望感、嫉妬心を抱くよりも、別の観点から考えてみよう。

- 本当はモテるのに周りがわかってない → 現実逃避
- モテないと生きている意味がない → 絶望
- モテる人は人格的に問題がある → ルサンチマン（嫉妬）
- **モテること以外の自分の存在価値とは？ → 考えることで前に踏み出せる**

哲学者が与える考え方のヒント

ニーチェ
ルサンチマン
P.85

嫉妬心や恨みなど、自分より優れた相手に対して抱く、負の感情のこと。弱い自分を「よい」として自己肯定することは、自然な善悪の価値基準をゆがめてしまう。

プラトン
魂の配慮
P.33

人間がより善く生きるためにはどうすればいいのか。世間的な評価などの表面的なことだけではなく、自己の内面（魂）に配慮することの大切さを訴えた。

人生の疑問に、哲学的に向き合う 05

お金持ちになれば幸せになれる？

「お金が欲しい」と思う気持ちに際限はないもの。
では、お金があればあるほど、幸福度は上がる？

お金は大切だが、生きる目的がなければ幸せになることは難しい

ニーチェは、「清貧」を善良さの表れとして肯定したキリスト教の価値観を、「奴隷の道徳」として批判。貧しさを「よい」、富むことが「悪い」とする考え方は、弱者の「ルサンチマン」（怨恨）に過ぎないとした。たしかに歴史的に見ても、人間的な文化・文明は、貧しさの中には育たない。社会に一定の富の余裕があって初めて文明は生まれる。そういった意味でも、お金はとても大切だ。

しかし、ある程度成熟した社会においても、貧富の格差は存在する。食べるのに困らない状況で「お金持ちになりたい」と考える時、大切なことは、生きる目的そのものが「お金持ちになること」にならないことだ。経済社会に生きるうえで、お金がないのは困るが、だからといってお金があればあるほど、幸福度が上がるわけではない。まずは「生きがい」があり、それを実現するために富を築く。その順番を誤ると、富があっても、生きる目的を見失ってしまうことになりかねない。

ひとつの価値観に縛られると？

低所得だけど…別にお金には興味ないし
バイトの方が自由がきくし
貯金も大事だけど趣味にもお金を使いたい
山、最高！
結婚？ 趣味？ それ、お金になるの？

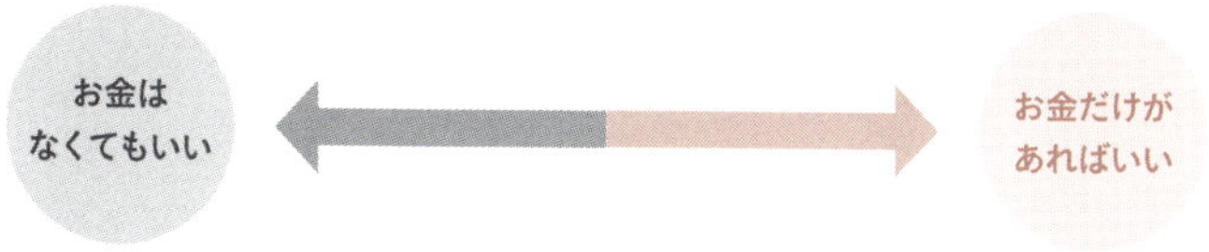

お金はなくてもいい
お金だけがあればいい

人生の目的や楽しみがあってこそ、お金を得ることに意味が出てくる。
反対に、お金がなければ、やりたいことが実現できないかもしれないのも事実。
何ごともバランスが大切だ。

哲学者が与える考え方のヒント

ドゥルーズ
リゾーム
P.232

形而上学における、複数のものをひとつの価値観で体系化する「ツリー」構造を否定。様々な価値観が並び立つ「リゾーム（根）」構造に基づく社会を描いた。

アリストテレス
中庸《ちゅうよう》
P.181

人間が幸福に生きるためには、人間性を優れたものにする「徳」が不可欠。徳を得るためには、適度なバランス感覚を保ち、「中」を目指すことが重要になる。

職場や学校の知り合いとつき合うのが苦手…

あまりウマが合わないけれど、よく顔を合わせる相手。
うまくつき合うためには？

自分自身が前向きでいるためには どのようにふるまえばよいのか考える

日々の人間関係の中には、どうも意見が食いちがう、何となくモヤモヤする…など、「うまくつき合えない人」が存在する。それでも、人間関係をスムーズに進めることに義務感を覚えるがゆえに、ついつい相手に合わせた言動をとってしまうことはないだろうか。ニーチェは、著書『ツァラトゥストラ』で、「自分がそれ以上愛せない場所は通りすぎよ」と述べる。**愛せないものに義務感で関わり続けることは「やましい良心」**の現れに過ぎず、自分の方に不満がたまってしまう。自分が常に快活でいるためには、どのようにふるまえばよいのか、それを行動の軸に置くことも大切だ。

同僚や家族など、どうしてもつき合い続けなければならない場合もあるだろう。その時は、愛情が芽生えるよう、相手の価値観に寄り添い、理解しようと努めることも、ひとつの方法。それでもやはり難しければ、心理的に距離を置くと決めることも選択肢のひとつだ。

「やましい良心」に基づく行動とは？

ニーチェは、自分に誠実であろうとする心に基づく良心ではなく、植えつけられた罪悪感や屈折した義務感に支えられた良心を、「やましい良心」と呼んだ。

みんな私に
ついてきて！

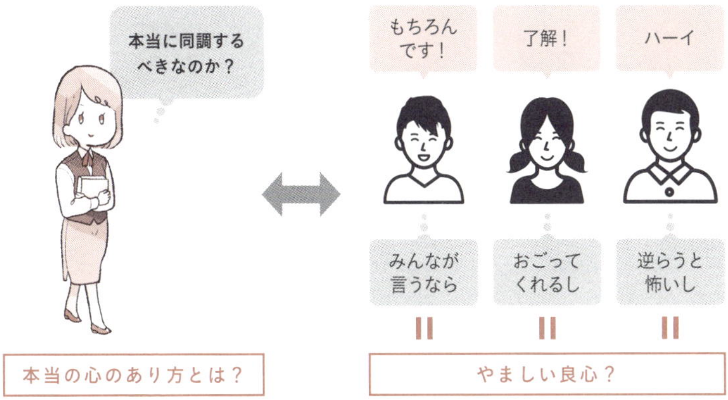

本当に同調する
べきなのか？
もちろん
です！
了解！
ハーイ
みんなが
言うなら
おごって
くれるし
逆らうと
怖いし
本当の心のあり方とは？
やましい良心？

哲学者が与える考え方のヒント

ニーチェ
超人
P.85

今ある自分の生を受け入れたうえで、理想に向かって進もうとする人間の形。たとえ現実が苦しくても、周囲への嫉妬や、理由のない罪悪感にとらわれることはない。

カント
道徳法則
P.57

年齢や性別を問わず、誰にでもあてはまる普遍的で客観的な、道徳的ルール。その根拠を宗教や文化などに求めず、自分の理性で吟味・判断したもの。

悪口を言い合う人間関係に疲れた…

悪口を言うと、スッキリする一方でモヤモヤが募り、
結局、心が疲れてしまうのはなぜ？

悪口は自分自身の劣等感の表れかもしれない

「気にくわない」と思われがちな人間がいる。みんながそう思っているから、本人がいないところで、ふとしたはずみで悪口大会になってしまう。言っている最中はスッキリするが、その後はさらに嫌な気分になる…。そんな時は、自分がなぜ悪口を言ってしまったか、よくよく思い返してみよう。表面的な相手への攻撃の裏側に隠れているのは、自分自身に対する、ある種の劣等感ではないだろうか。

ニーチェは、それを「ルサンチマン（怨恨）」と呼んだ。「アイツだけ〇〇しやがって…」などと、相手を面白くないと思う気持ちだ。厄介なのは、社会というしがらみの中で生きている人々にとっては、「自由に生きている」「なんだか得している」だけでも、相手が羨望の対象になりえる、ということ。正義は、社会に合わせて生きる自分にあり、間違っているのは相手だと思ってしまう。悪口を言う前に、今一度自分に問いかけてみよう。「その〝正義〟は、ルサンチマンから発していないか？」

相手が「気にくわない」理由は？

充実した人生を送る人に対して、嫉妬に似た気持ち「ルサンチマン」を抱いていないか？　特に、自分の人生が思うようにいかない時に、その傾向は顕著になるはずだ。

お金持ち
高学歴
モテる
理想の人物

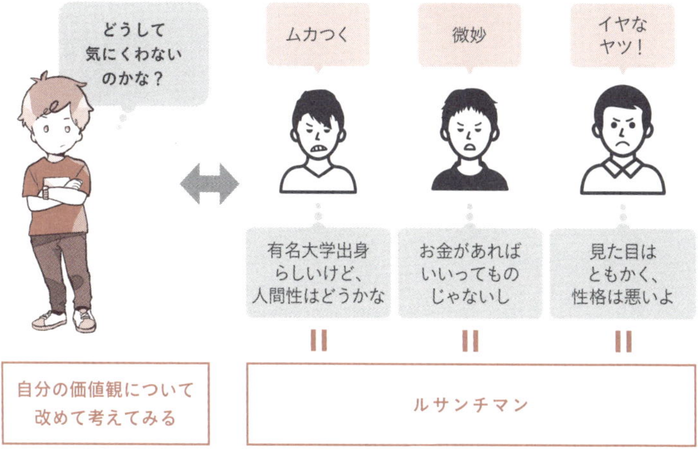
どうして気にくわないのかな？
ムカつく
微妙
イヤなヤツ！
有名大学出身らしいけど、人間性はどうかな
お金があればいいってものじゃないし
見た目はともかく、性格は悪いよ
自分の価値観について改めて考えてみる
ルサンチマン

哲学者が与える考え方のヒント

ニーチェ
ルサンチマン
P.85

嫉妬心や恨みなど、自分より優れた相手に対して抱く、負の感情のこと。弱い自分を「よい」として自己肯定することで、自然な善悪の価値基準をゆがめてしまう。

キルケゴール
絶望
P.73

「今ある自分」に不満を抱き、「こうあればよかったのに」と空想したり、「なるようにしかならない」とあきらめたりすることで、人は「絶望」に陥ってしまう。

人生の疑問に、哲学的に向き合う 08

家族なのに理解できないのはなぜ？

本当なら一番親しいはずの家族と、
意見がくいちがってしまうのはどうしてだろう？

ひとりの人間として互いに認め合うことが大切

ヘーゲルは、**「家族は感情で結ばれた共同体」**と呼んだ。愛情で結ばれた家族関係は、利害で結びつく社会関係や、楽しさで結びつく友人関係とは、少し質が異なる。

幼い頃、親子は感情的な絆で結ばれている。しかし、子どもの成長に従い、親離れ・子離れしなければならなくなる。ところが最近では、親と成長した子どもが適切な距離感を保つのが難しくなっている。理由のひとつとして挙げられるのは、世代間の価値観のくいちがいだ。子ども世代において、親世代の持つ「家族道徳」という価値観が、ほとんど消えてしまった。「親孝行はするものだ」「親の言うことには従うべきだ」などの「〜するものだ」という価値観が姿を消し、それまでふたをされていた親子の対立が表面化し、歯止めがきかなくなってしまった。

旧来の道徳観を、今さら子ども世代が納得することは難しい。**親子がひとりの人間として認め合い、改めてそれぞれの生き方を肯定し合うこと**からスタートするしか、対立を解決する道はないのかもしれない。

家族の対立問題は解決できる？

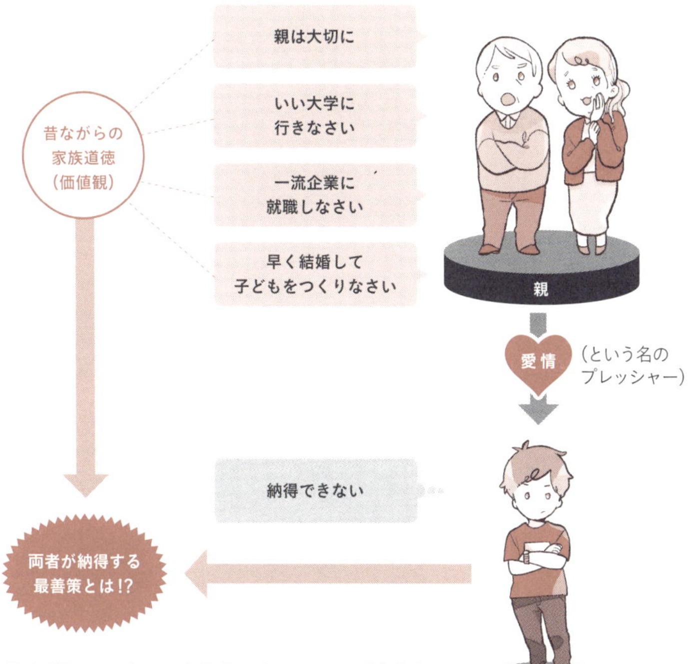

親が重視する、個々の主体性が実現されない「家族」の道徳と、子どもが大切にする「個人」の自由を共存させるためには、それぞれのよさを併せ持つ、新しい関係性をお互いに模索する必要がある。

哲学者が与える考え方のヒント

フロイト
超自我《ちょうじが》
P.213

人間の行動の大部分を支配する無意識。中でも、後天的に植え付けられた道徳観念「超自我」は、幼い頃に与えられた、両親の価値観などから形成されるという。

ヘーゲル
弁証法《べんしょうほう》
P.61

一面的な意見の矛盾点に気づき、他者の意見とすり合わせ、よりよい意見に近づけること。共同体全体の自由も、その過程で少しずつ実現されてくると考えた。

人生の疑問に、哲学的に向き合う 09

どんなに話しても わかり合えない人がいる

同じ言語を話しているはずなのに、
「話の通じない人」がいるのはなぜ？

自分の意図と相手の受け取り方がくいちがっているのかも

いくら話しても議論が前に進まない人がいる。そんな場合は、自分の言葉が相手に通じていないのかもしれない。言語の問題ではない。「受け取り方」そのものが、互いに異なるのかもしれない。

ウィトゲンシュタインは、人々が、その場その場での言語の使い方（ルール）に応じて言葉を交わす「言語ゲーム」を営んでいるとした。また、デリダは、話し手の思惑と受け手の解釈が必ずしも一致するとは限らないとして、「作者の死」という概念を示した。例えば、「今」と言った時点で、すでに「今」は過ぎ去ってしまっている。自分と相手の考える「今」は常に異なっている、というのだ。

私たちは、会話のゲームに参加しながら、言語の共通ルールを互いに模索している。議論が平行線をたどる場合は、互いのルールがくいちがっている可能性が高い。もし議論を前に進めたいなら、共通ルールを根気よく模索していくしかないだろう。

言語は「記号」に過ぎない

お買い得
だった！
このサングラス
1万円だった

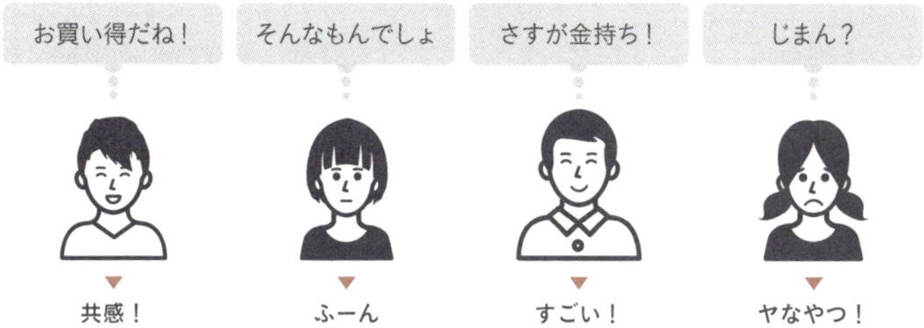
お買い得だね！
そんなもんでしょ
さすが金持ち！
じまん？
共感！
ふーん
すごい！
ヤなやつ！

言葉の意味の受け取り方は様々

相手との関係性や、その場のコンテクスト（状況）によって、
同じ言葉も様々な意味を持つ。
コミュニケーションの多くは、「暗黙の了解」によって占められているのだ。
自分の意図が相手に伝わらない理由はここにある。

哲学者が与える考え方のヒント

デリダ
作者の死
P.235

言葉の意味は、その状況に応じた解釈に合わせて変化する。話し手の意図が完全に聞き手に伝わることは難しい。そのため、言葉に確固たる根拠は存在しない。

ウィトゲンシュタイン
言語ゲーム
P.217

全ての言語は生活様式の一部。人々は使い方（ルール）に応じて意味が変わる「ゲーム」を日々営んでいる。そのため、言葉はひとつの意味に特定できない。

「いい人」になりたいのはなぜ？

できればなるべく多くの人に、「いい人」と思われたい。
その気持ちはどこから来るのか？

「自分の存在価値を認めてもらいたい」という誰もに共通する承認への欲望があるため

「いい人」と思われたいのは、どうしてだろうか。自分の価値を認めてもらいたいという承認への欲望は、誰もが持ち合わせているものだ。誰しも、「自分の存在に意味がある」と思いたい。

一方で、全ての人に認めてもらうのは簡単なことではない。より多くの人に価値を認められるということは、ひとつの「競争」でもある。事実として、好いてくれる人と、そうではない人がいる。つまり大切なことは、「どんな人に好かれたいのか」、または「どんなかたちで認められたいのか」をはっきりさせること。具体的に考えることが難しいなら、「認めてもらえず苦しいのはなぜなのか」と、逆説的に考えてもいい。

また、そもそも全ての人に好かれることが必要なのか。もちろん、なるべく多くの人に「いい人だ」「素敵だ」と思われることに、自分の価値を見出す人もいるだろう。それはそれで真実だ。しかし、それだけでは満足できない場合は、今一度、自分の本心を見つめなおす必要がある。

自分が誰に認めてもらいたいのか探る

誰に、どんな風に認めてもらいたいのか？

赤ちゃんの頃から、人間の自己価値承認への欲望は存在する。
まずは、「お母さんに認めてもらいたい」という素朴な感情。
やがて、先生や友だちへとその対象は広がり、
最終的には社会に認めてもらいたいという欲望になる。
しかし、社会全体に認められることはなかなか難しい。
まずは、自分がどんなかたちで認められるのがベストなのか考えてみよう。

哲学者が与える考え方のヒント

ヘーゲル

相互承認

P.197

社会の中で、互いに認め合うことで、個人の人格は確立される。他者は、自分の存在を脅かす存在であると同時に、自己を認識するために不可欠な存在でもある。

プラトン

魂の配慮

P.33

人間がより善く生きるためにはどうすればいいのか。世間的な評価などの表面的なことだけではなく、自己の内面（魂）に配慮することの大切さを訴えた。

「みんなと一緒」だと安心するのはなぜ？

まわりの人と同じ生き方・同じ意見なら、
安心して前に進めるのはどうしてだろう？

自分の生き方に対する明確な価値基準がないと多数派の価値観に依存して安心してしまう

社会全体で、ある支配的な価値観が力を持っている時代は、生き方の規範や善悪のあり方も決まっていて、その枠組みからはみ出さない限り、人々は安全圏にいることができた。

しかし、現代において強固な価値観は存在しなくなり、個人の生き方は非常に自由になると同時に、よりどころを失って不安定になったとも言える。よりどころがないと、「みんながこう言っているから、こう生きるのがよいのではないか」という多数派の価値観に依存することで、安心する場合もある。それで成功するなら問題はないが、失敗した場合、そのまま心が折れたり、社会や周囲のせいにしてしまったりするのであれば、つらいだけである。

大切なのは、自分の選択に納得感を持つこと。心の中に自分なりの価値基準（理想）を立て、さらにそれを状況に合わせて柔軟に調整する。そのくり返しで、理想と現実のギャップは徐々に埋まっていくはずだ。

個としてブレずに生きるには？

現実

に偏ると…

人生がどことなく楽しくない

多数派の価値感に頼って自分の意見がない

希望や目標が持てない

理想

に偏ると…

いつまでも満足できない

他人にも自分の価値観を押しつける

経済的に自立できない

理想と現実のギャップを埋める

まずは自分なりの「なりたい自分」をイメージしよう。
それが「理想」に偏ると、満足感や納得感を得ることは難しい。
また、自分の価値観を押し通して他人に迷惑をかけては、
個人として生きているとは言えない。
反対に「現実」に偏ると、希望や目標が持てなくなる。

哲学者が与える考え方のヒント

サルトル
対自存在《たいじそんざい》
P.221

人間は常に、自分の存在に対して「選択」を行いながら生きている。理想の未来に向かって、常に自分の存在を超え出ていこうとすることが、人間本来のあり方。

アリストテレス
中庸《ちゅうよう》
P.181

人間が幸福に生きるためには、人間性を優れたものにする「徳」が不可欠。徳を目指すためには、適度なバランス感覚を保ち、「中」を目指すことが重要になる。

働くことに意味を見出せない

毎日働く意味がわからない。
働かずに過ごせるのならば、その方が幸せ？

「働く」という環境の中で承認への欲望が満たされることもある

毎日会社に行くことに意味を見出せない、そう思うことはないだろうか。そんな時は、社会で「働く」ことの意味について、改めて考えてみよう。もちろん、生活に支障のない労働時間（過重労働ではない）、労働に見合った報酬、パワハラなどの力関係がないことが大前提だ。その場合、「働く」ことは、利害関係の中で「承認」を見出すこと。つまり、職種は何であれ働いて報酬を得ることで、組織や相手から認められ、自分が必要とされているという実感を得ることができるのではないだろうか。

また、「働く」ことのメリットが、単純に金銭（賃金）が発生することだけにとどまらない場合もある。例えば、家事や育児、ボランティアなどは、金銭的なやりとりは発生しないが、他の人間に必要とされる中で社会的な立場を得て、自己価値承認への欲望は満たされる。「働く」ことは、社会とつながって認められるための、ひとつのツールなのだ。

幸福度の高い働き方とは？

適度に承認への欲望が満たされる生き方とは？

働くことで自分の価値を社会的に認められ、承認への欲望が満たされて幸福度が増す。
一方で、対価に見合わない労働では、その欲望が満たされない。
また、「働かなくてよい」場合には、別の形で承認される手段を探す必要がある。

哲学者が与える考え方のヒント

アレント
人間の条件
P.226

人間は、命を維持するために必要な「労働」のほか、制作活動である「仕事」、社会の中での言論の営みである「活動」の3つに支えられて生きているとした。

ハイデガー
実《じつ》存《ぞん》
P.218

人間は、自分の存在について考えることができる唯一の存在。自分の存在について、自覚的に配慮しながら存在することが、人間の主体的なあり方。

人生の疑問に、哲学的に向き合う 13

生きることに不安を感じてしまう理由は？

生きることに漠然とした不安を覚えることはないだろうか。
その原因はどこにあるのだろう？

様々な価値観があるからこそ生き方に不安を感じてしまう

現代は、社会全体に共通する価値観が失われてしまった時代。多様な価値観が認められるがゆえに、善悪の判断基準もあいまいとなり、「何が本当によいことなのか」わからずに不安が生まれている。

しかし、近代に「自由な存在としての人間」という価値観が生まれて以降、生きる意味は自分で考えるしかなくなった。人間は、「生きる意味が定められていない」という不安定さを受け入れ、各自でゴールを模索していくしかない。

ハイデガーは、人間が限界を持ち、いつか死ぬからこそ、死から目を背けず、自分固有の生き方を選びとる可能性を持つのだと説いた。また、サルトルは、人間は本質を持たないまま生まれ、自分で本質を見つけ出していくしかない（「実存は本質に先立つ」）とした。人生に決まった答えは示されない。現実との折り合いをつけながら、自分固有のあり方を探っていくしかないのが、現代の生のあり方なのだ。

現代人が考える“生きる意味”とは？

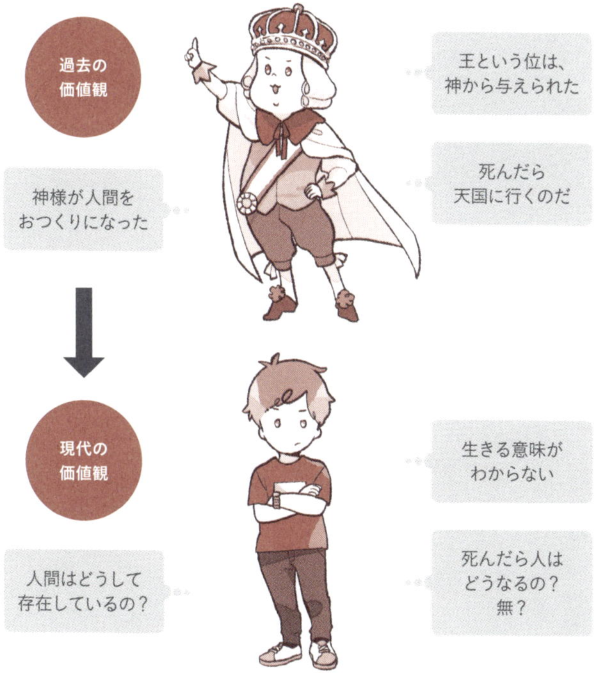

かつての社会では、神が生きる指針であり、身分や社会的な立場も、誕生と共に確定した。
神の存在が否定され、自由な社会が実現した現代だからこそ、
人は生きる意味を自分で探さなければならなくなったのだ。

哲学者が与える考え方のヒント

ハイデガー

企投《きとう》

P.219

人間にとっての「死」は、自身の存在の終わりとして、最後の確実な可能性。死の可能性を自覚するからこそ、本来的な生き方を選びとること（企投）ができる。

ニーチェ

永《えい》劫《ごう》回《かい》帰《き》

全ての瞬間は永遠に循環するとした、ニーチェ独自の世界観。苦悩も快楽も等しく無限にくり返される中で、一瞬の幸福のうちに生全体を肯定することの可能性を提示した。

自分の存在価値がわからない…

生きている意味が実感できず、毎日を漫然と過ごしてしまう。
そんな人も多いのではないだろうか。

限りある未来を意識し「生きててよかった」と思う瞬間を探してみよう

自分の存在価値を考える時、「最終的に死んでしまうのになぜ生きているのか」という、生きる意味についての問いにぶつかる。

ハイデガーは、人間を死に向かって生きる存在としてとらえた。人間はいつか必ず死ぬ、しかし死を経験した人は誰もいない。そのため、みんなが死を恐れ、ふだんはそれがないものとして目を背けている。だが、いつか必ず訪れるという意味で、死は「最後の可能性」なのだ。

しかし、いくら死について考えても、冒頭の問いの答えにはならない。「人間がなぜ生きているのか」については、科学的にも明らかにされていない。個人のできることは、限りある未来を認識しながら、「生きててよかった」と思える瞬間を探すこと。サルトルは、あるべき秩序を目指して自ら人生を切り開くことのできる「自由」な存在として、人間をとらえた。存在価値がわからないからこそ、自分の望むかたちに人生を変えることができると考えたのだ。

あるべき社会を目指して、自ら人生を切り開く

性的少数者

生まれながらの性別に
とらわれずに生きる

ひとり親

ひとりで子どもを
育て幸せにする

おひとり様

女性がひとりで
自立して生きる

社会に自らの価値観を訴えかける

サルトルは、社会を構成するひとりひとりの行動が「社会に対して責任を持つ」という考えを持ち、積極的に社会活動に参加(アンガージュマン)することを肯定した。個人は生き方を選択する自由が与えられている。そして自由には責任が伴う。サルトルは、個々の生き方を通して社会に自らの価値観を訴えかけることこそ、人間のあるべき姿だと考えた。

哲学者が与える考え方のヒント

サルトル
レゾンデートル
(存在理由) P.220

目的(存在意義)を前提として生み出された「物」とはちがい、人間には生まれつき、理由が与えられない。人間は自ら生の意味を探さなければならない存在。

ハイデガー
企投《きとう》
P.219

人間にとっての「死」は、自身の存在の終わりとして、最後の確実な可能性。死の可能性を自覚するからこそ、本来的な生き方を選びとること(企投)ができる。

自分の生き方に自信を持つためには？

自分の人生に自信が持てない。
どのように生きれば「自分らしい」のかもわからない…。

社会に多様な価値観が存在することを認めることで、自分らしい人生が見えてくる

自分に自信が持てない。その理由は、どこかで「今より正しい人生」や「もっとよい生活」を望んでしまうからではないだろうか。しかし、そもそも「正しさ」「よさ」とは何だろうか。個人の価値観の多くは、家族や学校、社会など環境の中で、自然と身についたもの。ひとつの価値観を絶対化してしまうと、他の価値観が抑制される。つまり、唯一の「正しさ」「よさ」が存在するのではなく、多様な価値観を認める中にこそ、その真理はあると考えてみよう。

フッサールは、「本質直観」という方法で、物事に対する固定観念を一時的に取り払い、意識に与えられた意味を取り出すことで、物事の本質を見て取ろうとした。自分の価値観が絶対だ、という前提を取り払って、物事の意味について今一度考えなおし、「正しさ」の本質に迫ってみてはどうだろうか。自信を失っていた前の瞬間とは、ちがう態度で自分の人生に向き合えるかもしれない。

“正しい人生”は存在する？

人生の目的③
子どもと一緒にいる
時間が一番大切
人生の目的②
趣味の登山で
人生が変わった！
人生の目的①
バリバリ働いて
成果を出すぞ！

個々の価値観で
人生を見る目は変わる

個人の考え方によって様々な「正しさ」「よさ」が存在する。
自分の感じている正しさと、他の人の感じる正しさは共通しているとは限らない。
複数の考え方に対する共通項を探していくことによって、
生きやすい社会が実現するのではないだろうか。

哲学者が与える考え方のヒント

ミル

危害原理《きがいげんり》

P.203

万人が自由に幸福を享受している状態（最大幸福状態）に対して、個人・集団が危害を加えようとする時のみ、その自由に干渉してよいとする社会原理。

フッサール

本質直観《ほんしつちょっかん》

P.253

「自分がどう見えるか」「どう感じるか」という個々の意識に与えられた本質を、互いに言葉にすることによって、相互に納得のできる共通了解を得ること。

人生の疑問に、哲学的に向き合う 16

男性だから働く、女性だから家庭に入る…？

「女（男）だから」という周囲からの言葉に、
疑問を抱くことは間違っているのだろうか？

既存の価値観をいったん〝全て疑う〟ことから始めてみよう

「男だから」「女だから」。日常で、意図せず使ってしまいがちな言葉にも、ある種の固定観念が存在している。人間が価値観を形成する過程の始めに、まずは親子関係が挙げられる。人は幼い頃から、命令や禁止をくり返されることで、人間として生活するためのルールを無意識的に学んでいく。その中で、「男の子だから～」「女の子だから～」といった言葉をかけられることもあるだろう。

学校などの公教育においては、人種や性別を超えた「平等」「自由」などの価値観を学ぶはずだ。しかし一方で、社会に出てみると必ずしもそうではない考え方がまかり通っている。

デカルトは、〝全てを疑う〟ことで、哲学的な思考のシステムを構築した。全ての価値観を疑い、理性を用いてもう一度考えなおす。宗教や文化のちがいを超えて、誰もが受け入れられる事柄こそが普遍的に正しい。少しでも疑問を感じる価値観については、再考してみる余地がある。

既存の価値観は本当に正しいのか？

あらゆる価値感を

疑う

方《ほう》法《ほう》的《てき》懐《かい》疑《ぎ》

あらゆる可能性について考え、疑わしいものは排除することで、その価値観の妥当性を吟味する。

前提

法律に違反しない

一度決めたらゆらがない

個人的な欲望に左右されない

既存の価値観を考えなおすうえで、まずは上記のような前提を置く。

信念の中に、全く疑えない何かが残る

それを自分にとっての「正しさ」として受け入れる

例えば、「男性だから働く」という価値観の根拠を取り出すと、
「体力がある」「昔からそう決まっている」などが挙げられるかもしれない。
その後、その根拠が女性にはあてはまらないのか考えてみる。
根拠に矛盾する点があれば、その価値観には再考の余地がある。

哲学者が与える考え方のヒント

フーコー

エピステーメー

P.230

フーコーにおいては、それぞれの時代における「知の枠組み」のことを指す。人々は、その枠組みに沿って世界を認識する。つまり、普遍的な認識は成立しない。

デカルト

方《ほう》法《ほう》的《てき》懐《かい》疑《ぎ》

P.45

あえて全ての物事を疑い、あらゆる可能性について考えること。誰もが受け入れられる普遍的な認識をつくるために考え出された方法。

AIは人間になれる？

近い将来、もっと身近になるだろうAI（人工知能）。
いずれ人間のようになるのか？

まず、「人間とは何か」について考える

「AI（人工知能）」とひと口に言っても、その定義は様々だ。SF映画などで見たロボットを想像する人も多いのではないだろうか。実は、今現在の科学において、本当のAIはまだ存在していないという。世間的に「AI」と言われているものは、全て「AI技術」を援用したものに過ぎないというのだ。そして、将来的にAIが実現するかどうかについても、多種多様な議論があり、まだ確定していない。

ここでは、まだ実現していない未来についてではなく、まずは「人間であること」について考えてみたい。人間の条件として挙げられる代表的なものは、「不安」と「欲望」だ。人間は地球上の生命の中で唯一、将来的な死を自覚し、そのことに対して不安を抱く。その一方で、死が未知であるからこそ希望を抱き、未知の物事を「知りたい」という欲望を抱く。生きるうえでの不安、そして欲望をAIにインプットできるのか。また、そのことにそもそも意味はあるのか。それが、AIが人間になれるのか、またなるべきなのかの分岐点となるのかもしれない。

人間である条件とは？

人間にしか
ないもの

人間にも
AIにも
あるもの

未来に対する不安

「どうして生まれたのか」「どうして死ぬのか」など、命への根源的な問いを持つ。

何かを求め続ける欲望

「知らないこと」「隠されていること」を知ろうと欲する、尽きない欲望を持つ。

学習能力

教えられた物事を記憶し、その記憶を積み重ねることで学習を行う。

学習したことを実行する能力

学習したことを実際に行う。学習を深めれば、状況に応じて行動を変えることもできる。

AIは将来的に人間になれる？

学習能力や実行能力については、人間に及ばない力を発揮するAI。しかし、一方で「不安」や「欲望」を持たないものを、「人間」と定義することは難しいのではないだろうか。今後の技術革新がどのような答えを出すのか待たれる。

KEYWORD

チューリング・テスト

数学者のアラン・チューリングによる、コンピューターが知能を持つかどうかを判定するテスト。人間、そして人間を模倣するコンピューターと、ディスプレーとキーボードを通して会話し、どちらが人間でどちらがコンピューターか判断するという実験。

哲学者が与える考え方のヒント

チャーチランド
心の哲学
P.238

人間の心と、物理的なもの（脳における信号・刺激など）との関係性を研究する。世界の全ての現象は、物理的に説明できるとする「物理主義」の考え方に基づく。

サール
思考実験「中国語の部屋」 P.236

中国語がわからない英国人でも、英語で書かれたマニュアルに従えば、中国語の質問に答えられる。しかし、英国人は中国語を理解したわけではないと論じた。

人生の疑問に、哲学的に向き合う 18

AIに正義は判定できる？

高い知能を持つＡＩ。
例えば、善悪の判断を任せることはできるのだろうか？

「正義を判定できる」とは言い難いが裁判制度に使用することはできそう

現在の裁判制度について考えると、多くの判決が過去の判例を参考にしている。つまり、ＡＩに過去の判例をインプットすることによって、有罪・無罪の判断における統計的な優位性を出すことは難しくないかもしれない。しかし、だからといって、「ＡＩが正義を判定できる」とは言い難い。なぜなら過去の判例は、過去の人間による判断の集積に過ぎず、その判断基準はあくまで過去の人間にあるからだ。

そのうえで、ＡＩを裁判制度に使用することについて考えてみよう。まずは、ＡＩが答えを出すシステムを規格化しなければならない。判断に至る過程がブラックボックスになってはならず、誰もがＡＩのプロセスを明確に追試験できなければいけない。そしてもちろん、合意がとれなくなった段階で、使用をストップできるというシステムも必要だ。これは、近代社会を形成する過程で、ホッブズやルソー、ロックなどの近代哲学者たちが考えてきた権力のあり方とも重なってくる。

AIが個人の未来を決める？

人々の合意によって公共の権力を委譲されたAI。社会契約説（下記）における権力のあり方と重ね合わせると、暴走をくい止めるルールも必要だ。

前提①

AIの決定に従うという了承

AIの答えがどんな答えであれ、まずは受け入れるという合意を形成する。

前提②

過去の判例を集積する

過去の人間による判例をインプットし、人間に近い判断力を付与する。

提示された事例について、統計的な優位を示す

過去のデータの集積を基に、新たな事例に対して、有罪・無罪の統計的な優位を示す。そのプロセスは、誰もが検証できるように開示されなければならない。

時代に応じてアップデートできるのか？

過去のデータにない出来事の場合は？

新たに現れてきた事例や、時代に応じて変わってきた価値観に対して、どう対応しうるのか。時代の感度を持つことができるのか、という問題が生じる。

哲学者が与える考え方のヒント

ロック
社会契約説
P.246

社会の秩序を維持するため、社会の構成員が政府に権利を信託する。譲渡ではないので、政府が目的を達成しなければ、すぐに構成員の手でつくり直すことができる。

ホッブズ
社会契約説
P.189

社会の構成員が、合意に基づき自らの権利を公共の権力に委譲することによって、社会の秩序が維持される、という考え方を示した。

AIと友だちになれる？

AIとのちょっとした会話ならすでに成り立っている。
本当の友だちになれる日も近い？

「楽しい」「自由」「配慮のある助言をしてくれる」…友人関係の本質を考えてみる

「友だち」と言っても、いろいろな種類の友だちが存在する。学校や職場での友だち、共通の趣味を持つ友だち、悩みごとを相談できる友だち…。その友だちの共通点をいくつか挙げてみよう。「一緒にいて楽しい」「利害関係のない、自由なつながり」「配慮のある助言をしてくれる」など。こういった点を満たす関係を、私たちは友だちと呼んでいるはずだ。

ここで問題となるのが、AIが自発的にこれらの感情を持つのか、ということだ。その感情がなければ、やはりAIを友だちと呼ぶことは難しいだろう。ただ一方で、人間の友だちについても、改めて考えてみたい。果たして人間の友だちであっても、前述の条件を満たしていると言い切れるだろうか。関係の円滑さを求めるがゆえに、本心ではない助言をしたり、自由とは言い切れない人間関係に縛られたりしている人も、多いのではないだろうか。AIと友だちになれるかどうか、という問いは、改めて人間同士の関係性を見直すきっかけにもなるはずだ。

“本当の友だち”とは何だろう？

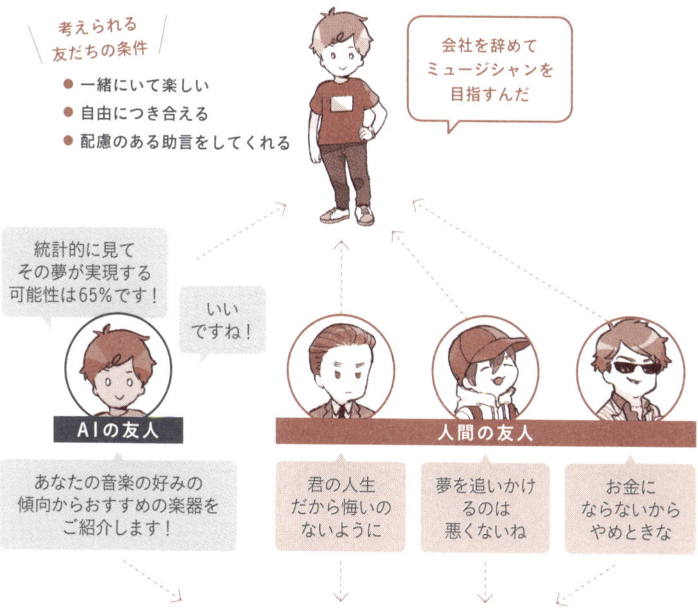
考えられる
友だちの条件
● 一緒にいて楽しい
● 自由につき合える
● 配慮のある助言をしてくれる
会社を辞めて
ミュージシャンを
目指すんだ
統計的に見て
その夢が実現する
可能性は65%です！
いい
ですね！
AIの友人
人間の友人
あなたの音楽の好みの
傾向からおすすめの楽器を
ご紹介します！
君の人生
だから悔いの
ないように
夢を追いかけ
るのは
悪くないね
お金に
ならないから
やめときな

AIに自発的な意志がなくても友だちと呼べるのか？

AIの技術が進歩すれば、人間の表情や言葉をもとに、
表面的には相手が望む対応をすることも可能になる。
空気を読んでくれる「友だち」と、AIがほとんど変わらなくなった時、
AIは友だちと呼べるのだろうか。

哲学者が与える考え方のヒント

ウィトゲンシュタイン
言語ゲーム
P.217

全ての言語は生活様式の一部。人々は使い方（ルール）に応じて意味が変わる言葉の「ゲーム」を日々営む。そのため、言葉の意味は一義的に確定できない。

ジェイムズ
プラグマティズム
（道具的真理観） P.210

真理は普遍的なものではなく、状況や目的によって規定されるものととらえた。たとえAIでも「友達」と感じられるなら、それは真実かもしれない。

PHILOSOPHY COLUMN 03

AIは「人間」になれるのか？ 哲学からAIを考える

人工知能を考えるうえで、避けて通れないのが「人間とは何か」という根源的な問題。P.154～159では、さまざまなアプローチでこの問題に取り組んだ。では、現実の「AI」は具体的に何ができるのだろうか。

AIができないこと

あいまいな情報を処理する

「胸がドキドキする」「頭がボーッとする」などの、あいまいな言語は理解してもらえない可能性が高い。「やばい」など、状況によっていくつもの意味を持つ言葉を使うと、対話が実現しづらい。

本当の意味で感情を理解する

人間の表情から感情を読み取り、うれしそうだとうれしそうにしたり、かまってもらえないとスネて見せたり、表面的に感情があるように見せることはできる。でも、本当の感情を持っているわけではない。

AIが活躍する分野の例

カーナビ

目的地までの最短ルートを検索する。渋滞予測機能では、過去の膨大な交通情報に曜日や時刻などの条件を加え、最適なルートを導き出してくれる。

コールセンター

過去の問い合わせ内容を、AIに入力してマニュアル化。オペレーターが、様々な質問の内容に対して正しい受け答えができるようにサポートしている。

顔認証

AIは、人の顔を見分ける時、目や鼻、口の位置、骨格などの情報から、その人の顔を認識する。服装や髪型を変え、眼鏡やマスクをつけて印象を変えても、認識できる確率は高い。

チェスなどのゲーム

チェスや囲碁、将棋などでは、その分野のプロたちを打ち破り、勝利を重ねている。AIは膨大な過去の対戦データを読み込み、チェスでは1秒間に2億局面の先読みをするという。

医療

医師が実際に診断したことのある症例には限りがある。その点、AIは過去の膨大な症例を読み込み、そこから判断することができる。2016年には、人工知能「ワトソン」が、患者の特殊な白血病をすぐに見抜いて話題になった。

AIのこれから

現在のAIは、音声認識技術や画像処理技術、つまり「AI技術」の総称に過ぎない。人間の能力や性質を丸ごと備えたAIは現れるのか、そもそもそんなAIが必要なのかという問題は、今後の議論が待たれる。

第3章

古代から超現代まで

知っておきたい哲学者33人

「哲学」に親しんできたら、
今度は哲学史をひも解いてみよう。
哲学者の考え方は、歴史的な背景なくしては語れない。
その思考の背景を知ることで、
知識はもっと深まるはず。

歴史を知れば、
理解が深まる

歴史からひもとく哲学

古代ギリシャで生まれた哲学は、
その時代背景を反映しながら、
現代まで発展を続けている。

―― 影響
← 批判

古代 P.174～

タレス P.174

ソクラテス P.176

プラトン P.178

アリストテレス P.180

形而上学

中世

ヘレニズム哲学

スコラ哲学

中世ヨーロッパでは、キリスト教信仰の広がりと共に、キリスト教の正しさを説明することを目的とした、「スコラ哲学」(P.166)が発展。神学者のトマス・アクィナスは、「哲学は神学のはしため」として、哲学をキリスト教の教義を下支えするものとして位置づけた。

ルネサンス哲学

王権神授説

近代 P.182～

大陸合理論

デカルト P.182

スピノザ P.184

イギリス経験論

ロック P.186

社会契約説

ホッブズ P.188

ルソー P.190

資本主義

アダム・スミス P.192

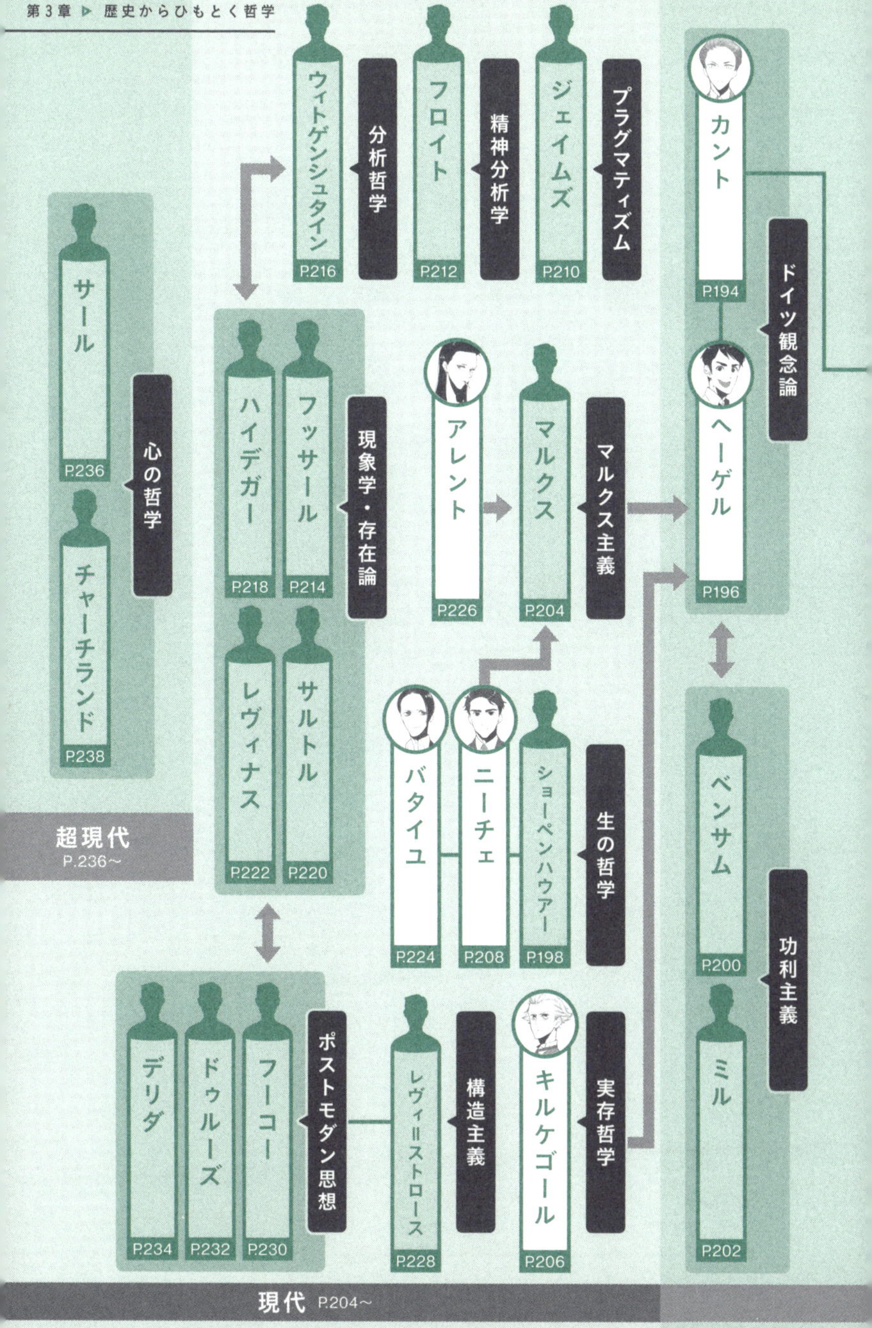
ドイツ観念論
カント
P.194
ヘーゲル
P.196
功利主義
ベンサム
P.200
ミル
P.202
プラグマティズム
ジェイムズ
P.210
精神分析学
フロイト
P.212
分析哲学
ウィトゲンシュタイン
P.216
マルクス主義
マルクス
P.204
アレント
P.226
現象学・存在論
フッサール
P.214
ハイデガー
P.218
サルトル
P.220
レヴィナス
P.222
生の哲学
ショーペンハウアー
P.198
ニーチェ
P.208
バタイユ
P.224
実存哲学
キルケゴール
P.206
構造主義
レヴィ=ストロース
P.228
ポストモダン思想
フーコー
P.230
ドゥルーズ
P.232
デリダ
P.234
心の哲学
サール
P.236
チャーチランド
P.238
超現代
P.236～
現代 P.204～

哲学の誕生

背景

ギリシャ社会を中心に、西洋哲学が誕生、発展する。

神話的な価値観の崩壊をきっかけに ギリシャ文化から哲学が発展

「哲学の祖」と呼ばれるタレスは、紀元前6世紀頃、ギリシャの植民市・ミレトスで活躍した。ミレトスは、エジプトやメソポタミアなど他国との交流も盛んな国際貿易都市。タレスはそこで、ギリシャ神話の世界観が万国共通ではないことに気がつき、神話に代わる概念としての「アルケー」（万物の根源）を、「水」に求める。ここに、世界の根本原理を探究する学としての「哲学」が誕生する。タレスの思想はその弟子たちに批判的に受容され、展開されていく。この時、先人の考えを深めてよりよい考えへと発展させる、哲学の基本の営みが始まった。

これら自然学とも呼ばれる哲学を、さらに一歩進めたのがプラトン。当時のギリシャでは、都市国家（ポリス）が成熟し、共同体を守るために人間の生き方が大きな問題となっていた。プラトンは、師・ソクラテスの思想を受け継ぎ、善や美といった「善く生きる」ための価値を探究。これらは以降、哲学の普遍的なテーマとして受け継がれていく。

主な哲学思想　プラトン哲学、アリストテレス哲学（形而上学）

この時代の主な哲学者たち

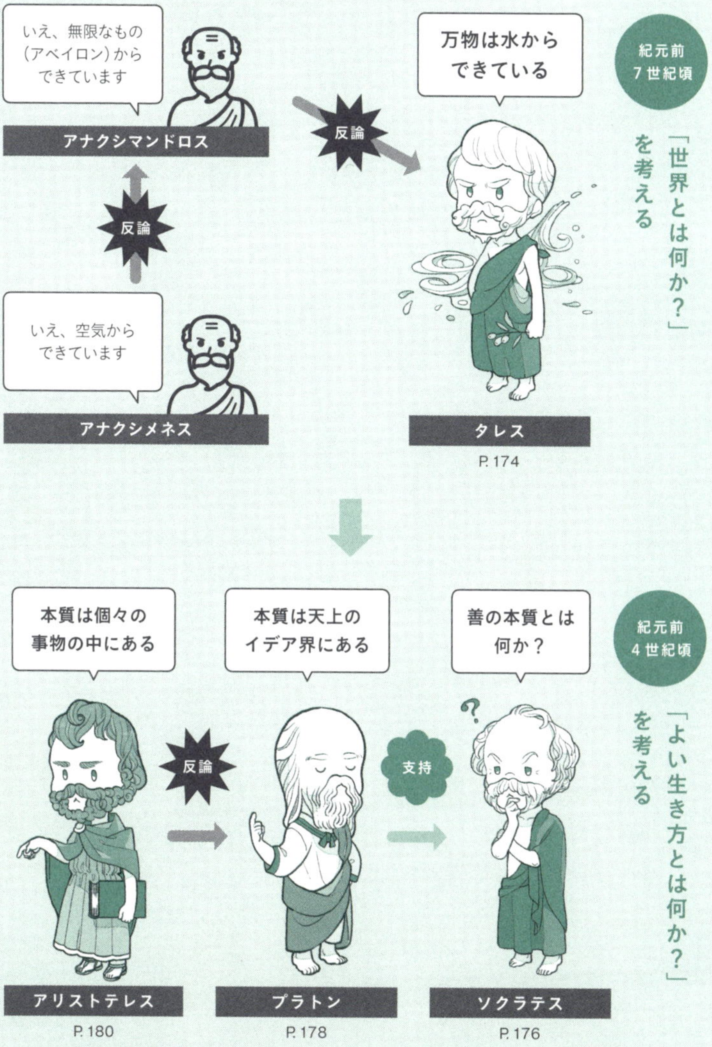

ソクラテスより前の哲学者は、「自然とは何からできているか」について考えた。
ソクラテスやプラトンの時代には「善く生きるとは何か」が主題となり、哲学の思想が大きく展開する。

中世〜近代

13〜17世紀

合理的に考える

背景

キリスト教哲学（スコラ哲学）の発展。しかし、次第に教義との矛盾が大きくなる。

自然科学の発展に伴い新たな哲学の潮流が生まれる

中世のヨーロッパでは、キリスト教が広く発展した。哲学は、キリスト教の神学を補完する学問と位置づけられ、「スコラ哲学」として営まれた※。神の被造物である人間の知性だけでは真理に到達することはできず、神の「恩恵」によってのみ、それが可能とされた。

しかし17世紀に入ると、キリスト教会の腐敗などをきっかけとする宗教戦争や、ルネサンス期を経た数学・自然科学の発展により、神の存在の絶対性は、徐々に揺らぎ始める。

「近代哲学の父」とも呼ばれるデカルトは、「理性で考えれば誰もが受け入れられる地点から、哲学を出発させなければならない」という考えを、哲学史上初めて明確に打ち出した哲学者だ。神学の理論を根本的に吟味、批判し、人間は理性によって何が真であるかを知ることができると考えた。

この考えは「大陸合理論」と呼ばれ、「人間は自分でなすべきことを知ることができる」という、近代的価値観の基礎として働くことになる。

※アリストテレス以降のギリシャ哲学は、ヨーロッパでは一度廃れたが、イスラム圏に渡って独自の進化を遂げた。それが11世紀から始まった十字軍の遠征によって、イスラム文化と共にヨーロッパに逆輸入され、スコラ哲学を発展させた。

主な哲学思想　スコラ哲学、大陸合理論

この時代の主な哲学者たち

17世紀前半

大陸合理論

スピノザ	デカルト
P.184	P.182
数学的な「定理」「公理」などの証明方法を用いて、世界を説明しようと試みた。絶対的な存在である神を、自然と同一視することで「証明」したが、教会からは異端視された。	全ての価値観を、理性を用いて根本から疑うことで、既存の価値観に裏打ちされた学問体系全体を根本から立てなおす試み。全ての人間が実践できる方法であることがポイント。

中世のキリスト教哲学とは？

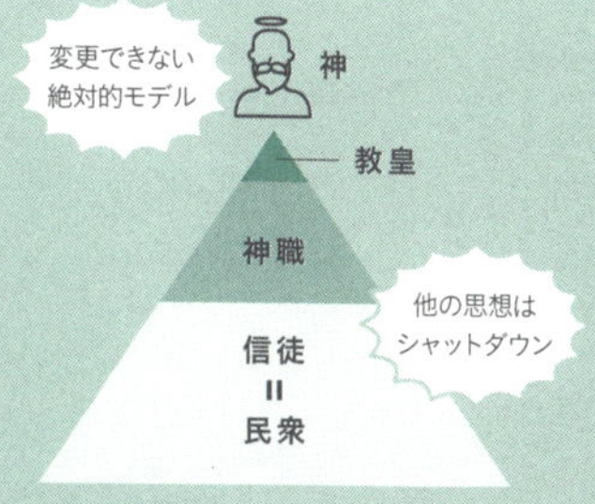

カトリック教会の例

神の教えが唯一の正解

宗教の論理は、ピラミッド状の価値観に支えられている。例えば、ローマカトリックの場合は、世界の創造主である神の下に民衆を導く教皇が位置し、トップダウンで神の教えを広めるため、そこに異論を唱えることはできない。スコラ哲学も、「哲学は神学のはしため（隷属するもの）」として、神の教えである神学を最も重要視した。

近代

17〜18世紀

市民社会の誕生

背景

論理や理性によって、新たな社会をつくり出そうとする動きが広まる。

社会革命の時代が到来し民衆が主役の時代に

中世のキリスト教的価値観の揺らぎとともに、「人間は神の被造物である」という考え方がくずれ、「人間は一個の存在として等しい」という概念が生み出されている。世界の秩序や善悪のルールについても、神が定めるものではなく、人間が理性で考えれば到達することができるものだととらえられるようになった。

いち早く「平等」について考えたのが、ホッブズだ。ホッブズは、神のない世界においては、相互に不安と不信を抱く人間同士の対立が起こると考えた。そして、人々が合意を結んで公共の権力を打ち立てることが、新たな社会をつくるうえで不可欠とした。

また、「道徳」における考え方を一歩進めたのがカント。カントは、人間は神に頼らず、自分の理性で善悪を判断することができるとした。ヘーゲルは、この考えを再検討し、各人の自由を相互に承認することが、自由な社会が実現されていくための根本原理になるのだと考えた。

主な哲学思想　社会契約説、ドイツ観念論

この時代の主な哲学者たち

社会契約説

絶対王政は
正しい
王
支持
神の法を無視
するのか!?
教会
反論
万人の
万人による
闘争
ホッブズ
P.188

17世紀前半

社会は自然状態においては争い合う状態にある。そのため人々は合意を結んで、自らの権利を個人あるいは議会に譲渡し、公共権力を打ち立てる必要があると論じた。

発展

自由な社会
バンザイ！
民衆
万人が等しく
自由に生きられる
原理があるはずだ
ルソー
P.190

18世紀前半

社会契約に即して統治者を選ぶ選挙制などを構想。全ての人々が等しく自由に生活できる社会の原理を探究した。

ドイツ観念論

でも、
どうすれば…？
道徳的に
生きよう
民衆
理性に従い、
道徳的な
行いをなせ
カント
P.194

18世紀後半

人間は自分の理性で「善」を判断し、それに即して行動することができなければならない。ここに、近代における善の新たな基準が置かれるべきだと考えた。

発展

みんながそれぞれの
善を選びとる自由の
条件があるはずだ
民衆
理性的なものは
現実的であり
現実的なものは
理性的である
ヘーゲル
P.196

19世紀前半

「自由」は歴史のうちで関係的（社会的）なものとして実現されてくるとする。著書『精神現象学』では、自由が展開する過程の最終段階は、各人の良心※同士の共通了解の状態だと論じた。

※個々の確信にしたがい「善」をなすこと。

近代〜現代

19〜20世紀

“生きること”について考える

背景

科学の発展などと共に神の存在が非常にあいまいになり、既存の価値観が崩壊。

キリスト教の価値観が失われ “存在”や“意識”についての分析が進む

19世紀になると、産業革命の進展と、それに伴う社会の変革によって、伝統的な価値観は崩壊。また、近代哲学が思い描いた理想の社会は様々な矛盾に直面し、資本主義経済が生み出した巨大な格差に、人々は翻弄されることになる。そして、人々は新たな岐路に立たされ、自分の生き方を自分で決めることを迫られるようになった。その中で、近代哲学の思想を疑い、“生きること”に向き合う、新たな哲学の流れが生まれる。

キルケゴールは、「ほかの誰ともちがうこの私」について、初めてスポットライトを当てた哲学者だ。普遍的な真理について議論してきたそれまでの哲学とは一線を画し、「自分自身にとっての真理」を探究した。

ニーチェは、既存の価値基準、とりわけキリスト教における善悪のあり方を批判。フロイトも、「無意識」の発見により、哲学で重要視されてきた「理性」の概念を改めて問われるべき対象とした。

主な哲学思想　生の哲学、実存哲学、プラグマティズム、精神分析学、現象学、分析哲学

この時代の主な哲学者たち

19世紀後半

生の哲学

神は死んだ

ニーチェ

P. 208

キリスト教の道徳を「奴隷の道徳」と呼び、その善悪の価値観が、「ルサンチマン（嫉妬）」の気持ちからつくられたものだと批判する。

19世紀前半

実存哲学

私にとって
真理であるような
真理

キルケゴール

P. 206

自分だけの主体的な真理を探究した。一般的な価値観にとらわれず、神の前で「単独者」として生きることに価値を見出した。

20世紀前半

精神分析学

人間の行動は
無意識に
支配されている

フロイト

P. 212

意識は、その背後にある無意識によって規定されていると論じ、それまでの哲学を批判した。

19世紀後半

プラグマティズム

実際に
役に立つかどうか
が重要

ジェイムズ

P. 210

真理の基準は、主観と客観の一致ではない。その観念が「働く」かどうかにあるとした。

20世紀前半

分析哲学

語りえないものに
ついては、沈黙
しなくてはならない

ウィトゲンシュタイン

P. 216

言葉と世界は対応関係にある。それまでの哲学は、世界に対応するものを持たない無意味な「おしゃべり」に過ぎないと論じた。

20世紀前半

現象学

判断を
一時停止し、
感覚を分析する

フッサール

P. 214

意識に現れる事象から、物事の本質（意味）を洞察する学問として現象学を創始した。

現代

20世紀〜

多様化する価値観

背景

２度の世界大戦が終わり、様々な概念が誕生し、それが受け入れられる時代に。

西洋哲学の思想を揺るがす「構造主義」を皮切りに様々な哲学的概念が誕生する

20 世紀には、第一次世界大戦や第二次世界大戦といった戦争が、哲学の思想にも大きな影響を与えた。近代社会は「自由」と「平等」という、たゆまぬ理想に向かって歩んできたはずだったが、全体主義や社会主義によって危機に直面する。哲学者たちは、その社会をどのように立て直せばよいのか考えた。

戦後、フランスのサルトルをはじめとする実存主義が一世を風靡した。サルトルは、逆境の中でも人間には人生を切り開いていく力があるとし、社会参加を通して人間本来の自由は実現すると論じた。その流れに一石を投じたのが、人類学者・レヴィ＝ストロースだ。彼は、未開の社会が持つ厳密な構造性に注目し、全ての社会は隠された構造の上に成り立っているのではないかと指摘する。彼が唱えた構造主義は、人間の主体性を重視する実存主義の思想を揺るがし、普遍性や真理の「解体」を唱えるポストモダン思想が誕生するきっかけとなった。

主な哲学思想 実存主義、構造主義、ポストモダン思想

この時代の主な哲学者たち

意識の主体性の下に、無意識の秩序が存在する
人間は自ら存在理由を見つけなくてはならない
人間は自分の存在について考えられる唯一の存在
構造主義
20世紀～
反論
実存主義
レヴィ＝ストロース
P.228
サルトル
P.220
ハイデガー
P.218
支持

ハイデガーが形成した存在論を、サルトルが人間を主体的にとらえる実存哲学へと展開させた。レヴィ＝ストロースの構造主義は、それを徹底的に否定した。

ポストモダン思想

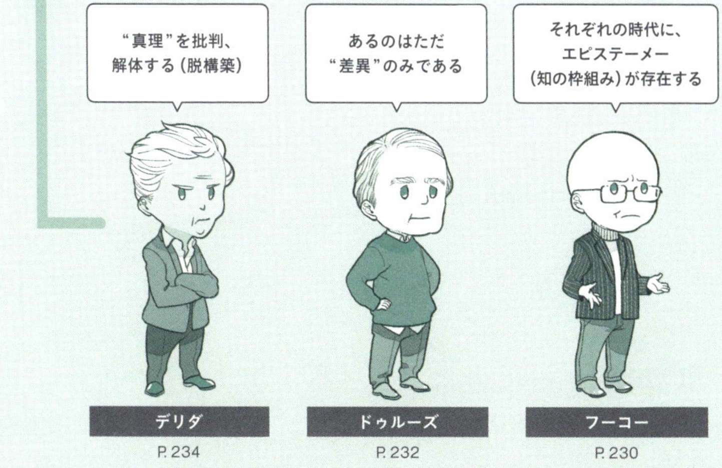
“真理”を批判、解体する（脱構築）
あるのはただ“差異”のみである
それぞれの時代に、エピステーメー（知の枠組み）が存在する
デリダ
P.234
ドゥルーズ
P.232
フーコー
P.230

ポストモダン思想は、全体主義の背後には近代哲学があると考えた。「真理」を重要視するあまり、多数者による少数者への抑圧が行われ、多様性がねじ伏せられてきたと主張する。

Thales

タレス

万物は水からできている

万物の根源を水に求めた。水は液体・気体・固体になれるため、それが変質して全ての物を生み出したと考えた。

BC624?〜546?／ギリシャ／自然哲学

記録に残る範囲で最初の哲学者。「哲学の祖」と呼ばれる。ギリシャの植民市・ミレトスで生まれ、万物の根源（アルケー）を探究した。

主な著書

特になし

※のちにアリストテレスが伝聞をまとめた。

KEYWORD

自然哲学

神話的な考え方の中に合理的な思考を持ち込んだ

古代ギリシャでは、神話の考えに基づき、全ての物事は神の力によるものと考えられていた。しかし、タレスは目に見えるものの中に根源（アルケー）を探し、理性で説明しようとした。

宇宙の基礎となる物質は？

条件_4
生命にとって不可欠

条件_3
全ての生命を形作る

条件_2
どんな形にもなれる＆どのような場所にも移動できる

条件_1
どこにでも存在する

万物は水からできている

KEYWORD

アルケー

水、空気、火…
世界の根本をなす物質

「始まり」を意味するギリシャ語。世界を構成する万物の根源。タレスがその原理を追究し、後継者たちによって、「無限」「空気」「数」など、抽象的なものも含め様々な概念が示された。

デモクリトス
万物のアルケーは
原子（アトム）
アナクシメネス
万物のアルケーは
空気
タレス
万物のアルケーは
水

タレスはアルケーを水、その弟子のアナクシメネスは空気と考えた。デモクリトスはその流れを汲み、目には見えない小さな粒子・アトム（原子）が運動し結合することで全ての物質が形成されていると唱えた。

オリーブの豊作を予測して大もうけ

タレスは、天文学から翌年のオリーブが豊作であることを知り、圧搾機を買い占めた。次の年は予想通りの豊作で、圧搾機が不足し、貸し出し依頼が殺到したので、大きな利益を得ることができた。また、測量術を用いて日食を予言するなど、科学に通じた多才な人物だった。

思想の背景

世界の諸現象を哲学的に解明する思想が求められた

タレスが生まれたのは、ギリシャの植民市だったミレトス（現トルコ）。メソポタミアやエジプトとの交流が盛んな国際都市だった。タレスは、ギリシャ神話が示す世界像が、世界共通ではないことに気づき、代わりとなる世界の原理を見つけるため、「万物の根源」を追究し始めた。

Socrates

ソクラテス

BC470?～399／ギリシャ

対話を通して、善や美について探究した。著作を残さず、その言動は弟子・プラトン(P.178)の著作「対話編」などに記されるのみ。

主な著書

特になし

※プラトンが『ソクラテスの弁明』などに、対話編として言葉をまとめた。

無知の知

自分は本当に重要なことを何も知らない、という自覚から、「本当の知」を探究するようになった。

KEYWORD

無知の知

自分が知るべきことを何も知らないということを知る

ソクラテスは、人間が本当に知るべきことは「善」や「美」とは何かということだと考えた。そして、多くの人が世間的な知恵をつけるだけで、自身の「無知」を知らないと気づく。

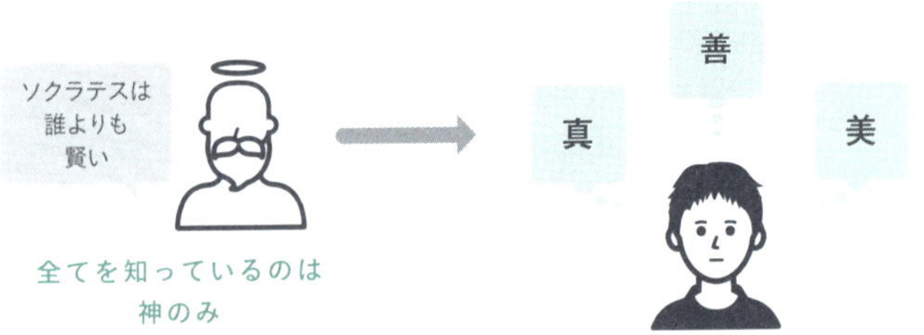

全てを知っているのは神のみ

ソクラテスは、神殿で「ソクラテスより賢い者はいない」と神託を受けた。彼は驚いたが、「自分だけが自分の無知を知っている」という意味で賢いと理解した。

私だけが、「私は何も知らない」ということを知っている

KEYWORD

問答法

対話によって相手の無知を自覚させ真理に近づく

ソクラテスは、「何も知らない」という立場から、相手に質問をし、その回答に対してさらに考察を重ねることによって、個人の抱いている認識がいかにあいまいかということを導き出した。

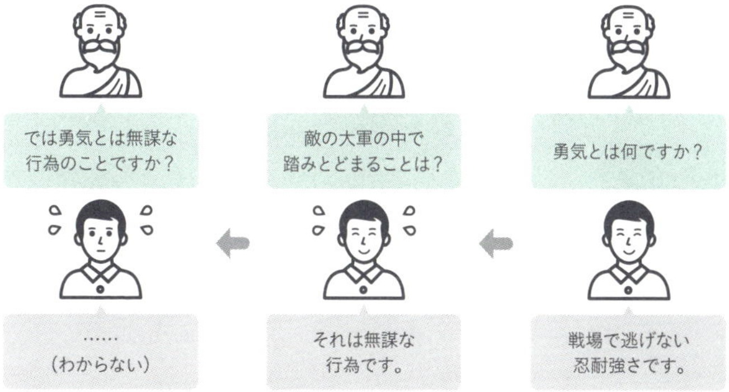
勇気とは何ですか？
戦場で逃げない忍耐強さです。
敵の大軍の中で踏みとどまることは？
それは無謀な行為です。
では勇気とは無謀な行為のことですか？
……（わからない）

質問を重ねることで、相手が常識と考えていたことが覆され、「何も知らなかった」ことが明らかになる。さらに対話を進め、本当の知識を導くことへ向かった。

死刑宣告を自ら受け入れ毒杯をあおる

ソフィストたちの無知を暴いたソクラテスは、彼らによって「青年を堕落させた罪」で告訴され、死刑判決を受ける。逃亡を勧める周囲に対し、「たとえ悪法でも法をやぶることは、善く生きると言えない」として死を選んだ。法廷での主張は、プラトン著『ソクラテスの弁明』に記される。

思想の背景

民衆の心をつかむため、都合のいい言葉だけを使う政治家が増えた

当時のギリシャでは、政治的な成功のために弁論の巧みさが重要視され、弁論術を指南するソフィスト※が大きな力を持っていた。しかしソクラテスは、本当に目指すべきは世間的な成功ではなく、「魂の配慮」(P.33)であり、より善い生き方について考えることだと説いた。

※当時のギリシャ社会で、授業料を取って、弁論術や政治・法律などの知識を教えた人々。人々の説得を主目的としたため、後世では詭弁家とも言われた。

Plato

プラトン

BC427〜347／ギリシャ

古代ギリシャ、アテナイ(アテネ)の貴族出身。ソクラテスの弟子として、「善」「美」「正義」などの「善く生きる」ための価値を追究。

影響を受けた哲学者

ソクラテス(P.176)

主な著書

『ソクラテスの弁明』『饗宴』『パイドロス』『国家』

本質は天上のイデア界にある

物事の真実の姿は、天上のイデア界に存在する。現実で人間が認識する物事は、イデア界にある真実の影のような存在。

KEYWORD

イデア

全てのものはイデア(本質)を持つ

イデアとは、アナムネーシス(想起)によって認識できる真の実在。プラトンは、人間の魂は生まれる前にイデア界で様々なイデアを見ており、現世ではそこで見たものを思い出すことで、物事を認識しているとした。

コップのイデア
全部コップだ
形のちがうコップ

様々な形のコップを、同じ「コップ」だと認識できるのはなぜか？　プラトンによると、これらは全て「コップ(=液体が入る器)」というイデアを分有しているからだと言う。

KEYWORD

イデアのイデア

中でも大切なイデアは善・美・正義

「善」「美」「正義」などの概念は普遍的な意味がつかみにくく、問答法（P.177）を通じて追究するしかない。中でも「善」のイデアが最も重要であり、「イデアのイデア」と呼ばれる。

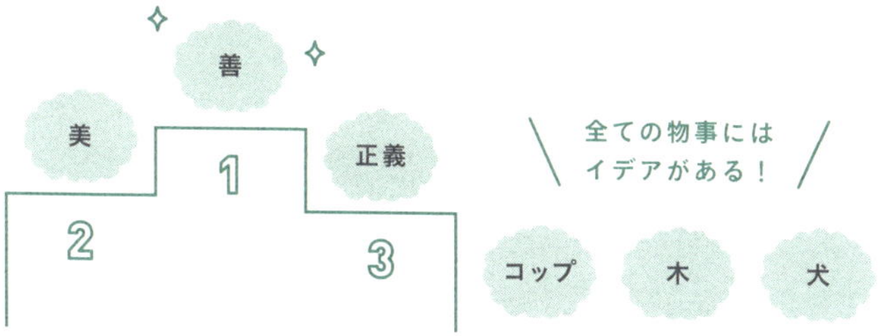

「正義」や「美」のイデアは、「善」のイデアに基づいて初めて存在する。
「善」のイデアが知識、真理の根拠であり、それなくして「正義」や「美」の意味は成立しない。

恋愛は外見も大切！プラトニック・ラブの本来の意味

「プラトニック・ラブ」は、精神的な愛を意味する言葉だが、プラトン自身は、美しい肉体に恋愛の第一条件を見ていた。美しい人は、美のイデアそのものを見ることができない人間の苦悩を癒してくれる唯一の存在。外見による癒しののちに、魂の美しさにたどり着くという。

思想の背景

不安定な政治体制と師匠の死をきっかけに、哲学の道へ

プラトンは当初、政治家になりたいと考えていた。ソクラテスと出会ってその考えに共鳴するが、アテネの議会の判断でソクラテスは死刑に。また、当時のアテネは次々と政治体制が変化して安定しなかったため、政治に幻滅。以後は、価値についての洞察も展開していく。

Aristotle

アリストテレス

BC384～322／ギリシャ／形而上学

「四原因説」を唱えたほか、論理学や自然学、政治など、あらゆる学問を体系化し、「万学《ばんがく》の祖」と呼ばれた。プラトンの弟子だが、イデア論は否定。

影響を受けた哲学者

プラトン（P.178）

主な著書

『形而上学』『政治学』
『ニコマコス倫理学』

本質は個々の事物の中にある

プラトンは、事物の本質はイデア界（P.178）にあるとしたが、アリストテレスは事物そのものの中に本質を求めた。

KEYWORD

四原因《し げん いん》

物事には4つの原因がある

物事の根本原因として、「形相因」「質料因」「作用因」「目的因」の4つがあるとする。最高の目的因は「最高善」であり、最高の共同体であるポリス（国家）で目指されるとした。質料因は事物の「もと」、形相因は事物の本質、作用因は事物を生成する力、目的因は事物の終局点を指す。

質料因《しつりょういん》

陶器など、事物を形成する素材のこと。

形相因《けいそういん》

事物の本質。"液体が入る器"など、「コップ」という概念。

目的因

水を飲むため、などの目的を示す。

作用因《さよういん》

工場で製造された、などの理由。

KEYWORD

中《ちゅう》庸《よう》

人間が生きる目的である 幸福を実現する方法

人が生きるうえでの目的因は「幸福」であり、その達成には優れた人間性である「徳」が不可欠。そして、徳を得るためには、適度なバランス感覚を保ち、「中」を目指すことが肝要と説いた。

不足		中庸		過剰
臆病	←----	勇敢	----→	無謀
けち	←----	大らか	----→	いい加減
不愉快	←----	親愛	----→	ご機嫌取り
卑屈	←----	矜持	----→	おごり

「徳」とは、「倫理的卓越性」、つまり倫理的な徳。徳を得るためには、知識や教養だけではなく、「過剰」や「不足」に偏ることなく、「中庸」をとる習慣を身につけるべきとした。

ヨーロッパに逆輸入されたアリストテレス

アリストテレスの哲学は、ヨーロッパでは一時期忘れられた。代わりに東方のイスラム圏へと流入して独自の進化を遂げる。後に十字軍の遠征でイスラム文化がヨーロッパに流入。その際に逆輸入されて、ローマ・カトリック教会にとり入れられ、信仰の正しさを証明しようとしたスコラ哲学(P.166)が発展した。

思想の背景

プラトンのアカデメイアで学問の基礎を学ぶ

アリストテレスは、プラトン創設の学校「アカデメイア」に学び、のちに自ら「リュケイオン」という学校を創設。論理学から芸術に至るまで、あらゆる分野で研究活動を行った。師・プラトンのイデア説に疑問を抱き、積極的に言いかえていく様子は、ギリシャ哲学の師弟関係ならでは。

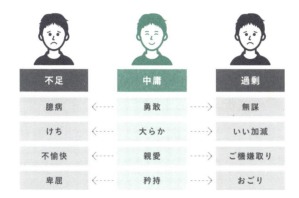

René Descartes

ルネ・デカルト

1596～1650／フランス／大陸合理論

哲学者であり数学者。数学で用いられる公理※を哲学にも導入し、理性を用いれば、誰もが同じ解を得ることができる思考のシステムを構築した。

主な著書

『方法序説』『情念論』『省察』

※数学の理論を展開するうえで、その前提・出発点となる根本命題。

我思う ゆえに我あり

方法的懐疑（P.45）とも言う。理性で冷静に判断した出来事は、正しい認識として信頼してよい、という結論の根拠となった。

KEYWORD

理性

世界と自分自身を理性で認識し、把握する

「我思う、ゆえに我あり」の思想は、全ての存在の認識の根拠に人間の理性を置くことを意味した。そして、自分の体も含めた全ての世界は、理性によって認識・把握される対象となった。

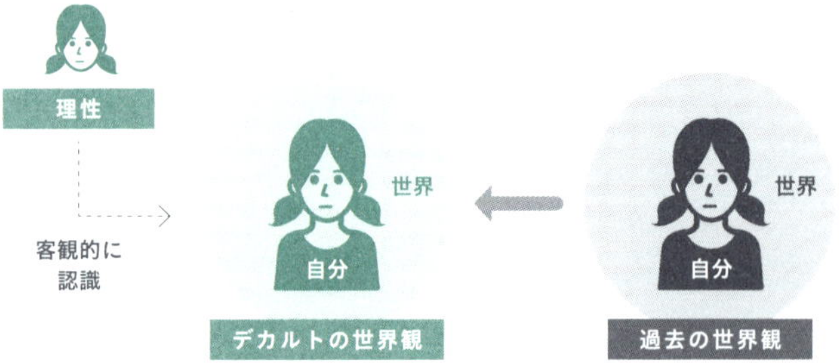

中世における神中心の世界では、自分は世界の中に内包される存在だった。しかし、「理性」の発見によって、世界の本質は客観的に認識できるものに転換された。

KEYWORD

心《しん》身《しん》二《に》元《げん》論《ろん》

物質的な体と精神的な心は別物

人間は、空間に物質的な位置を占める体と、物理的には存在しない心（理性）を併せ持つ。デカルトは、心と体は別物で、体は心の働きによって動く「機械」のようなものととらえた。

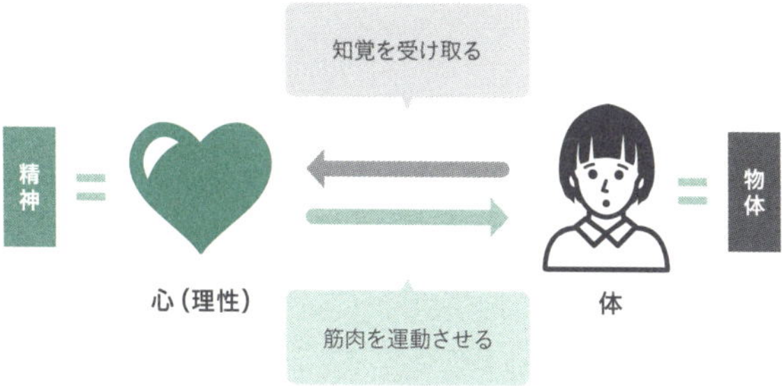

デカルトは、脳の奥にある器官のひとつ「松果腺《しょうかせん》」を通じて、心（理性）が体に命令を下し、体が感じる知覚を受け取ると考えた。当時、心と体を区別し、その関係について考えること自体が画期的であり、心身問題については、現在も議論が続いている。

朝寝が習慣だったデカルト。死因は北国での早起き!?

デカルトは53歳の時、スウェーデン女王に招かれ、冬のスウェーデンに渡った。忙しい女王への講義は早朝5時から。本来デカルトは午前中ベッドから出ないタイプだったことに加え、真冬の北国の厳しい寒さもあって、2カ月ほどで肺炎にかかり、その地で亡くなってしまった。

思想の背景

自然科学の発達と宗教戦争の広がり

数学や自然科学の発展、そしてカトリック勢力とプロテスタント勢力の間における宗教戦争が拡大し、キリスト教の画一的な価値観が揺らぎ始めた時代。その中で、人間は自分の理性によって真実や善悪を判断することができる、という思考の流れが生み出された。

Baruch de Spinoza

バールーフ・デ・スピノザ

1632～1677／オランダ／大陸合理論

デカルトと並び、大陸合理論(P.248)の代表。合理的な推論を積み重ね、神の存在や人間の精神などについて論証しようとした。

影響を受けた哲学者

デカルト(P.182)

主な著書

『神学・政治論』『エチカ』

神はすなわち自然である

「神」は唯一の「実体」※であり、その他の存在は全て神の「属性」。世界は神の現れであり、神が世界そのものとする考え方。

※それ自体で存在するもの。

KEYWORD

汎《はん》神《しん》論《ろん》

人間も含めて、世界の全ては神の現れである

スピノザによると、あらゆる物体が、唯一で無限である神の属性、もしくは神の属性が変化したもの。つまり、自然や人間を含めた世界は、その一切を神を原理としている。

汎神論において、世界は神が考えたままに存在する。裏を返せば、世界そのものが神と等しいとも言える。この「神《かみ》即《そく》自《し》然《ぜん》」という概念においては神は宗教的な性格を持たず、神を人格的な存在とみなしていた当時の教会から、「無神論」と批判された。

KEYWORD

心と体はひとつ

心も体も全ては神の属性

デカルトの心身二元論(P.183)と異なり、神の属性(現れ)である人間の心と体は、神の2つの表現であり、同一の存在とした。そして、神との必然的なつながりを認識することに、理性の真の働きと幸福があるとした。

「悲しいと涙が出る」「楽しいと笑顔になる」など、心や意志の動きは体と連動し、感覚や運動として現れる。その全ては神の属性であり、心身は平行して存在する。

ユダヤ教・キリスト教どちらからも異端扱い

ポルトガル系ユダヤ人の両親のもとに生まれる。ユダヤ教の教育を受けるが、デカルト哲学の影響を受けて教義に批判的となり、共同体から追放される。また、汎神論の発表と共に、キリスト教会からも異端視。孤独の中、レンズ磨きで生計を立て、哲学に身を捧げた人生だった。

思想の背景

宗教的価値観が衰退し、新しい善悪の基準が求められた

スピノザは、ヨーロッパ中を巻き込んだ宗教戦争の時代の末期に生まれた。その時代感覚から、宗教に基づく伝統的な価値観から脱却し、合理的に善悪の基準を考察しようと試みた。著書の『エチカ』も、「公理」「定理」「証明」などの言葉を用いて、数学的な証明を行うかのように展開される。

John Locke

ジョン・ロック

1632～1704／イギリス／イギリス経験論

「人間の認識は全て、知覚経験を基に成立する」と論じ、イギリス経験論(P.242)を確立。革命の時代に生き、政治思想家としても知られる。

影響を受けた哲学者

ベーコン※

主な著書

『人間知性論』
『市民政府論(統治二論)』

※フランシス・ベーコン。イギリスの哲学者。経験論の創始者。

生まれたての人間の知性は白紙だ

生まれたての人間の知性は「タブラ・ラサ(白紙)」であり、全ては経験によって、後天的に知識が書き込まれると考えた。

KEYWORD

タブラ・ラサ (白紙)

人間は経験することで知性を身につけていく

ロックは、生得《せいとく》観念(経験に由来しない人間の意識)を否定し、生まれたての人間の心を「白紙」と規定。理性を生得観念とした大陸合理論(P.248)を、真っ向から否定した。

人間は生まれつき理性を備えるとした合理論とは異なり、ロックは、経験を積み重ね内省していくことでしか、人間は観念(知性)を得ることができないとした。そして、経験によって人間の知性が知りえる範囲を解明しようとした。

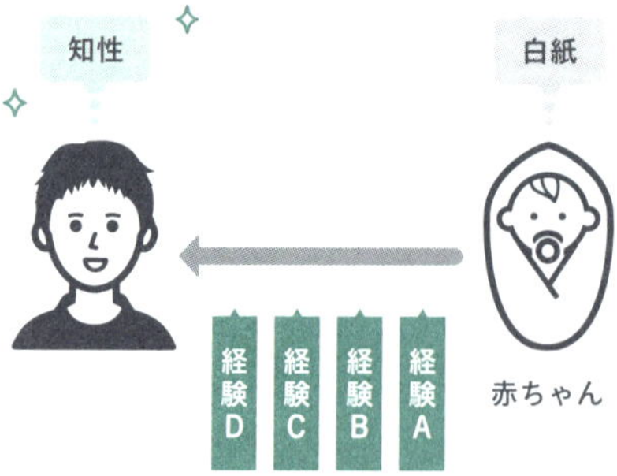

KEYWORD

単純観念と複合観念

単純観念の積み重ねが複合観念になる

ロックは、観念は経験によって構成されるという前提に基づき、観念を「単純観念」と「複合観念」という2つに分類。人間の観念は、単純観念の複合によって成り立つとした。

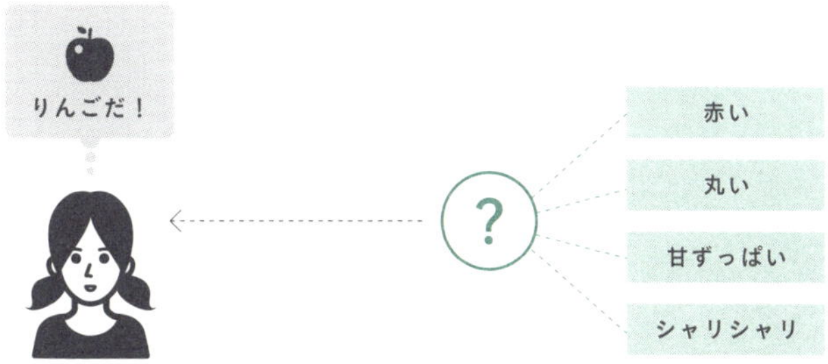

複合観念

とり入れた単純観念について考えたり、組み合わせたりすると、より高度に洗練された観念になる。

単純観念

五感で受け取る印象や情報。大きさ、形など他人と認識が一致するものと、色や音など個人差のあるものがある。

アメリカの独立宣言の思想的根拠となる

ロックは、社会契約説（P.246）によって、統治の正当性も説いている。人間は誰もが自由で平等で、法を執行する権利を持つとしたうえで、国家を運営するために、司法・立法・行政という「三権分立」の原理を唱えた。これはのちに、アメリカ独立宣言の根拠として採用された。

思想の背景

たくさんの赤ちゃんを見て生得観念に疑問を抱く

ロックは医師となり、たくさんの赤ちゃんを見て、「人間は生まれながらに理性を備えている」という合理論の立場に疑問を抱いた。そして、心の本質などの抽象的な概念を排除し、知覚経験のみが人間に知性を与えるとして、認識の原理の解明を試みた。

Thomas **Hobbes**

トマス・ホッブズ

リヴァイアサン

1588～1679／イギリス／社会契約説

哲学者。政治思想家。人間は互いを不安に陥れる存在であるとし、争いを避けるためには、契約を結んで公共権力を設定する必要があると説いた。

影響を受けた哲学者

デカルト(P.182)

主な著書

『リヴァイアサン』

主著の書名は、『リヴァイアサン※』。争いを避けるために、契約によって打ち立てる国家のあり方を示した。

※旧約聖書に登場する海の怪物。

KEYWORD

万人の万人に対する闘争

自然状態では人間は常に争い合う状態にある

ホッブズは、自然状態※において、人々は互いに戦争状態に陥ってしまうと考えた。人間は、自分の存在に関する不安があり、その不安を取り除くために、周囲の人間を出し抜こうと欲する。その結果、必然的に対立してしまうという。

※国家が成立する以前の状態。

＼ 平和に暮らすためには？ ／

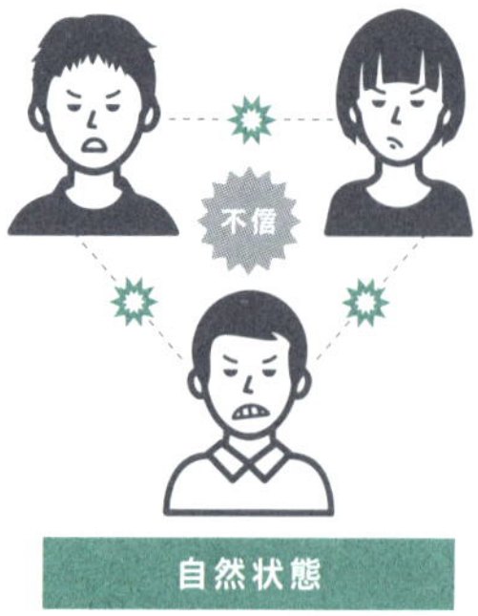

人間は自然状態だと相互不信に陥り、争いが続く。市民全員が、平和に暮らすための契約を結ぶことが必要（社会契約説の考え方へと結びつく）。

KEYWORD

社会契約説

絶対的な権力者が社会を監視しルールを守らせる

ホッブズは社会契約説で、社会の全員に畏怖される絶対的な権力がなければ、戦争状態は終わらないとする。そのため、市民は相互の同意に基づき、公共の権力を打ち立てる必要がある。

各人が、権利を自分たちで設立した公共権力に譲渡し、互いの権利を侵害しないように監視されることで、争いをなくすことができる。

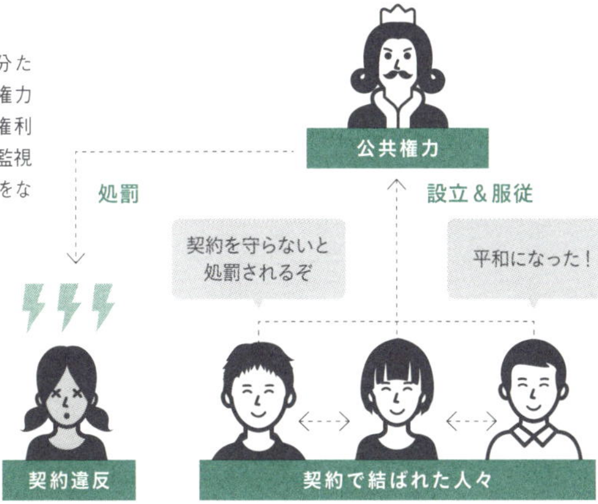
公共権力
処罰
設立＆服従
契約を守らないと処罰されるぞ
平和になった！
契約違反
契約で結ばれた人々

王権神授説の否定は革新的だったが…

17世紀のヨーロッパは、絶対王政の時代。君主は「王権神授説」※を唱え、治世を正当化していた。社会契約説は、権力の根拠を神ではなく市民に置いたという点で、非常に革新的な考え方。一方で、強大な権力を肯定したため、絶対王政それ自体は否定されなかった。

※王の権力は神から与えられたもので、神以外は王を束縛できないという考え。

思想の背景

市民革命の最中にある混乱した時代

ホッブズが50代の時に、イギリスでは清教徒革命が勃発。国家から神の存在を除外し、市民の相互の合意に基づく「市民国家」の像を示した初めての人物だ。国家は人間からつくられるものであり、誰もが正当といえる形の国家が構想できると考えて、『リヴァイアサン』を著した。

Jean-Jacques **Rousseau**

ジャン＝ジャック・ルソー

1712～1778／フランス／社会契約説

自然に帰れ

啓蒙思想家、哲学者であり、作曲家や詩人といった多彩な面も併せ持つ。社会契約によって、社会を新たな共同体としてつくり直すべきだと説いた。

主な著書

『人間不平等起源論』
『社会契約論』『エミール』

自然状態において、人間は善良で自由だったが、不平等な社会が人を不幸にした。今一度、人間の原点に立ち返る必要がある。

KEYWORD

自然状態

人間は本来、平和に暮らしていた

ルソーによると、人間は本来、自由で平等、独立した存在だった（自然状態）が、私有財産の成立によって貧富の差が拡大し、不平等や戦争が現れた。契約によって、この状態を解決するための制度を打ち立てることができるとした。

自然状態
みんな平等！
相互の不安が
衝突し合い
闘争が絶えない

ルソーの考え方

自然状態に戻ることはできないが、社会契約によって権利としての自由が確立され、争いが避けられる。

ホッブズ（P.188）の考え方

個々の人間は相互の不安から、自らの生を優位にするために、必然的に競合（戦争）状態に行き着いてしまう。

KEYWORD

一般意志

公共の利益と個人の利益を同時に尊重する

近代社会が自然状態に戻るのは不可能としたうえで、自由な社会を実現するためには、個人と全体の利益を等しく尊重する「一般意志」を原理として、国家を設立する必要があるとした。

特定の団体の利益
個人の利益
特殊意志
共通の利益
一般意志

個人や組織が、それぞれの利益のみを求める意志。特殊意志に基づく利害が、全体としてせめぎ合っている状態を「全体意志」という。

公共の普遍的な利益を求める、人民としての意志。一般意志を反映して運営される国家が、正当であるとされる。

教育論『エミール』がベストセラーとなりカントも夢中に

ルソーは、小説『エミール』を著し、子どもの個性を尊重する教育論を展開。子どもの権利について述べた初めての書とも言われる。カント(P.194)も『エミール』に刺激を受け、人間の可能性について探求した。また、童謡「むすんでひらいて」の原曲はルソー。多彩な才能があった。

思想の背景

ルソーの考え方が市民に広がり、フランス革命の原動力となる

ルソーが生きたフランス絶対王政の時代には、王権神授説※などを根拠にした「人間は生まれながらに不平等である」という考え方が一般的だった。ルソーは社会契約によってこの不平等は解消されると説き、フランス革命を支える思想のひとつの根拠になった。

※王の権力は神から与えられたもので、神以外は王を束縛できないという考え。

Adam Smith

アダム・スミス

1723～1790／イギリス／資本主義

経済学者、哲学者。主著『国富論』で、経済学を初めて学問的に体系づけた。イギリスでは非常に多い姓であるため、アダム・スミスと姓名で呼ばれる。

主な著書

『国富論』『道徳感情論』

（神の）見えざる手

市場経済において、個人の利益を追求する経済活動（分業）の積み重なりが、社会全体に利益（富）をもたらすという思想。

KEYWORD

（神の）見えざる手

経済活動は需要と供給の関係に任せておけば最適となる

市場経済には自動調節の機能（見えざる手）が存在し、経済活動を市場のメカニズムに重ねれば、社会全体の富が最適になると考えた。そのため、国家の重商主義※を批判した。

※輸出ばかりを重要視した国家が、貿易などに干渉したこと。自由な経済活動が制限された。

高額な品物でも、売り手の競合が値下げすることで、買える人が増える。値下げの動機は利己心だが、社会の幸福度は自然と上がる。

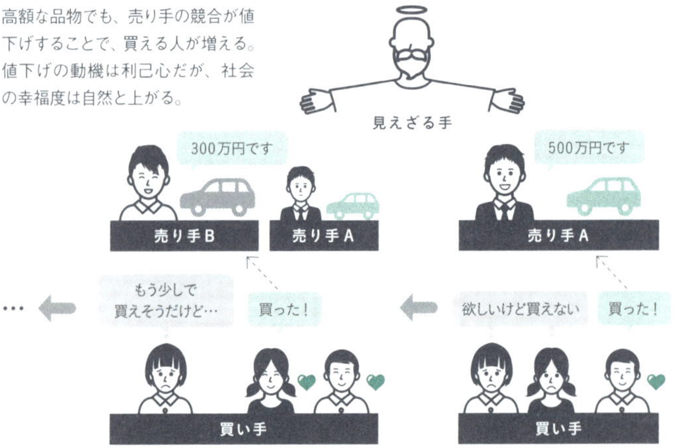
見えざる手
300万円です
売り手B
売り手A
500万円です
売り手A
…
もう少しで
買えそうだけど…
買った！
欲しいけど買えない
買った！
買い手
買い手

KEYWORD

レッセ・フェール（自由放任主義）

国家が市場に不当に介入しないことで、社会的な富は増大する

経済においては、国家は統制や干渉をせず個人の自由な競争に任せることが、社会の繁栄をもたらすという考え方。国家の機能は、市場経済を健全に保つためのインフラ整備（国防、福祉、公教育など）を対象とするべきとした。

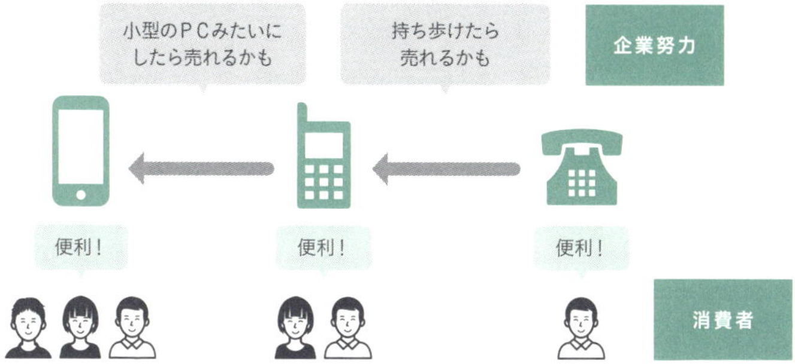

アダム・スミスは、需要と供給の自由な流通関係が、社会的な富を増大させていく条件であると考えた。そして、人々の様々なニーズに応える制度を構想した。

「豊かな暮らしとは？」保護主義の貿易政策を批判

当時の国の政策は、輸出によって集めた金銀を富とみなす重商主義であり、入ってくる金銀を増やすために高い関税をかけるなどの貿易規制が行われていた。しかし、アダム・スミスは、財の自由な流通が、結果として万人にとっての富を増大させることになると唱えた。

思想の背景

イギリスで産業革命が起き資本主義社会が広がる

18世紀のイギリスでは、蒸気機関の発明や紡績機械の改良などにより、産業革命が進行していた。アダム・スミスは、生産力の向上によって大量の商品を生み出し、市場を拡大することで、イギリス全体の経済力が底上げされ、国全体に富が普遍的に行きわたると考えた。

Immanuel **Kant**

イマヌエル・カント

1724～1804／ドイツ／ドイツ観念論

大陸合理論(P.248)と、イギリス経験論(P.242)との対立を解消し、新たな認識論への道を開いた。「三批判書」と呼ばれる著書で、批判哲学を展開。

影響を受けた哲学者

デカルト(P.182)

主な著書

『純粋理性批判』『実践理性批判』『判断力批判』

人間の認識は生まれ持った能力で構成される

人間は、現象※の背後にある「物自体」に触発されて認識をなす。認識の構造が普遍的なので、客観的な認識が成立する。

※目や耳などの感覚に与えられるもの。

KEYWORD

物自体と現象

人間は「物自体」を認識できないが現象を客観的に認識できる

カントは、認識構造の普遍性が、客観的な認識の条件であると考えた。人間は物自体（現象の要因）を直接認識できないが、認識構造は共通なので、それが客観的認識の条件となる。

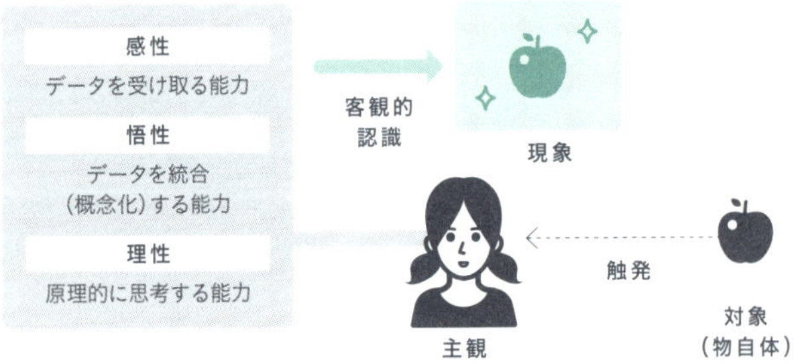

感性
データを受け取る能力
悟性
データを統合（概念化）する能力
理性
原理的に思考する能力
客観的認識
現象
主観
触発
対象（物自体）

人間は、「感性」「悟性」「理性」という、生まれ持った認識構造を持つ。したがって、「物自体」は認識できないが、現象を客観的に認識することはできる。

KEYWORD

コペルニクス的転回

物を人間が認識するのではなく認識するからこそ物が存在する

カントが自らの認識論を特徴づけた言葉。認識は対象に依存するという旧説を転回し、対象の認識は主観に備わる能力によって成立するとし、コペルニクスによる天動説から地動説への転回に例えた。

従来の認識論

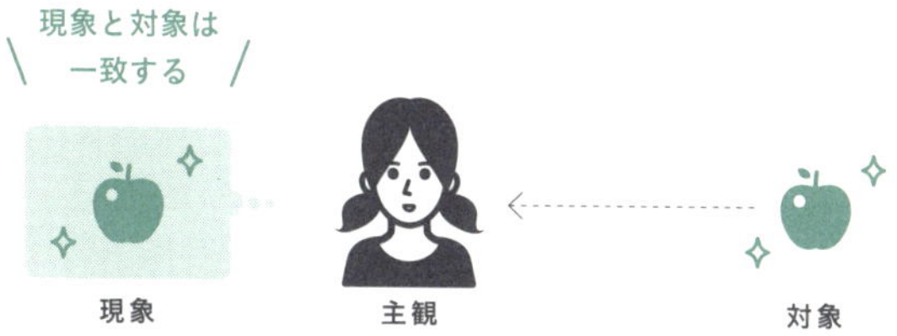

従来の認識論では、すでに存在している対象を主観が受け入れることで認識が成立するとしていたが、カントはそれを転回し、主観こそが対象の認識を成立させているとした。

結婚はしなかったがひとりだけの食事は好まない

夜10時に寝て朝5時に起きるという規則正しい生活を続けたカントだが、決まった時間に行う、友人たちとの食事も楽しんでいた。自著にも、ひとりで食事をすることは哲学者の健康に悪い、と書いている。また、酒はなごやかに楽しむべきとし、泥酔する人間も嫌っていたようだ。

思想の背景

大陸合理論とイギリス経験論の考え方を統一する

感覚的な経験を原理とする「経験論」と、理性による明晰な推論を原理とする「合理論」。カントは、感覚的な経験は、空間的・時間的な観念と共に、理性による推論を用いなければ認識できないとした。そして、経験と理性を、どちらも不可欠なものとして、2つの哲学の統一を考えた。

Georg Wilhelm Friedrich **Hegel**

ゲオルク・ウィルヘルム・フリードリヒ・**ヘーゲル**

1770～1831／ドイツ／ドイツ観念論

デカルト、ホッブズから始まる近代哲学をまとめ上げた。ドイツ観念論の完成者として知られる。人間の自我にある欲望は「自由」を本質とすると説いた。

影響を受けた哲学者

プラトン（P.178）、
カント（P.194）

主な著書

『精神現象学』『法の哲学』

理性的なものは現実的であり、現実的なものは理性的である

ヘーゲルは、理性的なものは全て、現実に準拠して実現され、現実的なものは全て、理性の現れであるとした。

KEYWORD

人《じん》倫《りん》

「自由」と「善」が両立した状態

善悪の基準は他者との関係からしか生まれないという確信が、社会的な「善」の条件となるとした。初め意識の内にとどまっていた「自由」の精神は、関係性の中で次第に実現される。「人倫」はそうした自由の実現状態のこと。

各人の主観的な道徳は、「自由」が展開する中で、理想的な共同体（人倫）へと転換する。人倫において、人々は完全な自由を手に入れる。ヘーゲルは、富の再分配や公教育によって、個人間の格差が不当にならないようにすることが必要と説いた。

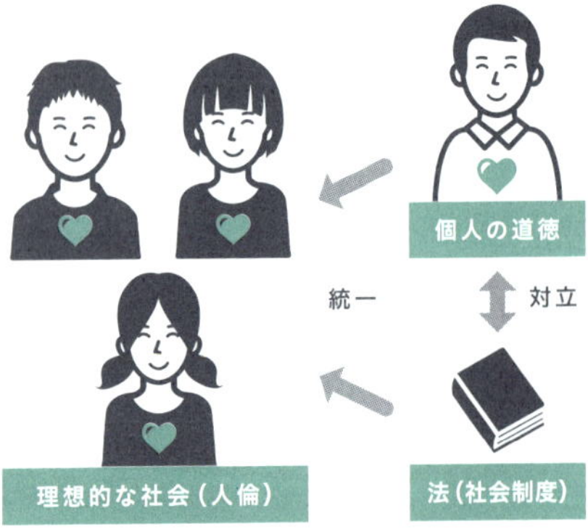

KEYWORD

国家

家族同士のつながりと市民社会の対立を解消する

ヘーゲルによると、「人倫」の理想的な形。個人の独立が維持できない「家族」と、個人の「自由」は保障されるが欲求のぶつかり合いの起きる「市民社会」を統一させたもの。ヘーゲルは、「自由」の最高の実現段階とした。

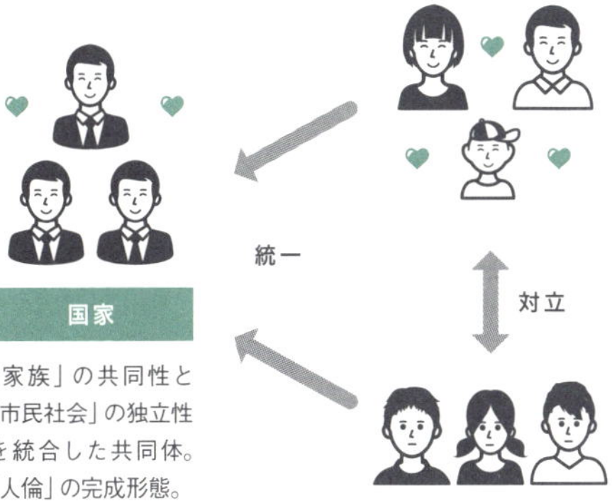

家族

愛情によって結ばれた共同体。個人は家族の一員であり、人格の独立性はない。

市民社会

自由で平等な個人の集まり。各々の欲求を満たすために経済活動を行う。「欲望の体系」とも呼ばれる。

国家

「家族」の共同性と「市民社会」の独立性を統合した共同体。「人倫」の完成形態。

“ミネルヴァのフクロウは黄昏に飛び立つ”

著書『法の哲学』・序文にある言葉。古来より知恵の女神・ミネルヴァの化身と考えられてきたフクロウは、夜行性であり、黄昏時にしか飛び立てない。同様に、哲学は時代性を反映する学問で、歴史が終わらなければ物事の真実の姿をとらえることができない、と解釈される。

思想の背景

ヘーゲル哲学の原理は「自由」と「相互承認」

ヘーゲルは、各人の人格を尊重し認め合うこと（相互承認）が、自由の第一歩とした。そのために必要なのが「教養」。教養は、共同体に価値観のちがいによる様々な「善」があることを教えてくれる。主観的な欲求は、教養を通して吟味することで、社会のうちで「自由」として承認される可能性を手に入れる。

Arthur Schopenhauer

アルトゥール・ショーペンハウアー

1788～1860／ドイツ／生の哲学

「ペシミズム（厭世主義）」を代表する哲学者。カントの思想から多くの影響を受け、インドの仏教思想にも通じる独特の厭世観を構築した。

影響を受けた哲学者

プラトン（P.178）、カント（P.194）

主な著書

『意志と表象としての世界』

世界は、盲目的な生への意志でできている

世界は、人間が生き延びようとする盲目的な意志に導かれているという考え方。それが、絶え間ない争いや欲望を生み出す。

KEYWORD

ペシミズム（厭世《えんせい》主義）

根本には「盲目的な意志」がある

ヘーゲル（P.196）は、歴史の変遷は進歩の一環であり、人間が自由を獲得する過程を示していると説いた。しかしショーペンハウアーは、人間が盲目的意志に操られる限り、苦しみは消えず、歴史は変化するだけで意味を持たないとした。

生に対する盲目的な意志
いい暮らしがしたい
お金が欲しい
おいしいものを食べたい
異性とつき合いたい
自分が一番！

動物や植物は本能的に、「生きたい」という盲目的意志のもと、生存のために絶え間ない闘争をくり広げる。同様に人間も、自己保存の欲望を満たすために行動する。欲望が満たされると満足するが、また新たな欲望が現れ、苦痛には際限がない。

KEYWORD

芸術

生の苦しみから一時的に逃れる方法

ショーペンハウアーは、文学や音楽など、芸術に熱中すれば、一時的に生の苦しみから逃れられるとした。そして、最終的にその苦痛から抜け出すには、「意志の否定」、すなわち“無《む》私《し》”である、仏教的な涅《ね》槃《はん》の境地に至るしかないとした。

人間が苦悩から解放されるためには？

同情

相手を理解しようとする気持ち。純粋な愛とも同一視される。

仏教

理性の力によって、意志（欲望）を克服する。絶え間ない欲望から解放され、心の平安を得る。

芸術

絵画や音楽などの優れた芸術作品は、世界の本質（イデア、物自体とも呼ばれる）を表すとした。

ヘーゲル哲学全盛の風潮に嫌気が差して大学を辞任

当時はヘーゲル学派ができるほど、ヘーゲル全盛期。同時期にベルリン大学の講師となったショーペンハウアーは、ヘーゲルの講義と同じ時間に、自分の講義を開講。その時の聴講者はわずか8名。プライドを傷つけられた彼はその後、半年で大学を去ることになる。

思想の背景

カントの思想を出発点にした独特の厭世観

カントの後継者を自認したというショーペンハウアー。人が認識する表象的な世界の根底には「盲目的意志」があり、それがカントの「物自体」にあたるとした。生前は注目されなかったが、19世紀末に再発見され、ニーチェ（P.208）や、音楽家のワーグナーに大きな影響を与えた。

Jeremy Bentham

ジェレミー・ベンサム

最大多数の最大幸福

身分問わずに幸福度を計算し、万人の幸福（功利）を実現することが、統治と法の正当性を判断する基準とした。

1748〜1832／イギリス／功利《こうり》主義

独自の計算式で人の快楽（幸福度）を計算し、その合計点数が高いほど、幸福な社会であると定義。議会の改革など、政治運動にも携わった。

主な著書

『道徳および立法の諸原理序説』

KEYWORD

功利主義

快楽（幸福）をもたらすことを「善」と考える

ベンサムは、快楽と幸福を同一視した。そして、人間の行為が快楽に結びつけば「善」、苦痛に結びつけば「悪」と定義し、善悪の判断基準を、行為の結果である快楽／苦痛に求めた。

ベンサムは、ある行為が正しいとみなされるには、利益関係者全体の幸福を促進する場合だけとした。個人的なものに限らず、国家・国民間の関係性にもあてはめられ、政策の正しさの基準は、国民全員の幸福を促進するかどうかにあると言う。

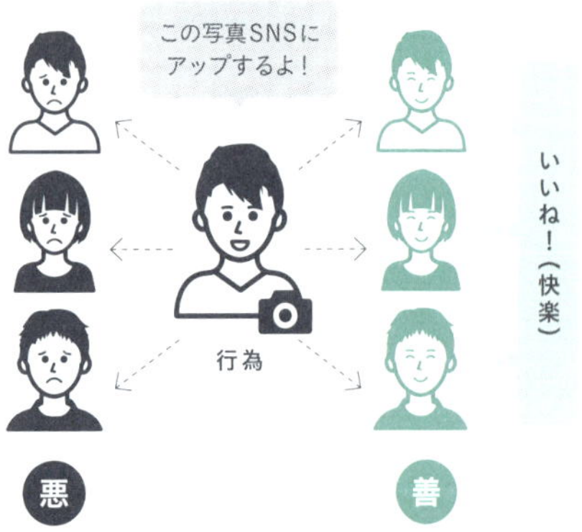

KEYWORD

最大多数の最大幸福

幸福度の高い社会とは幸福の平均点が高いこと

最大多数の個人の幸福を可能にする統治のみが正しいとする考え方。ベンサムは、統治の正当性を判断するため、独自の基準による快楽の計量方法を考案した。

幸福度の高い社会

よい社会は、突出して幸福度の高い人はいないが、全体で安定した水準を保つ。

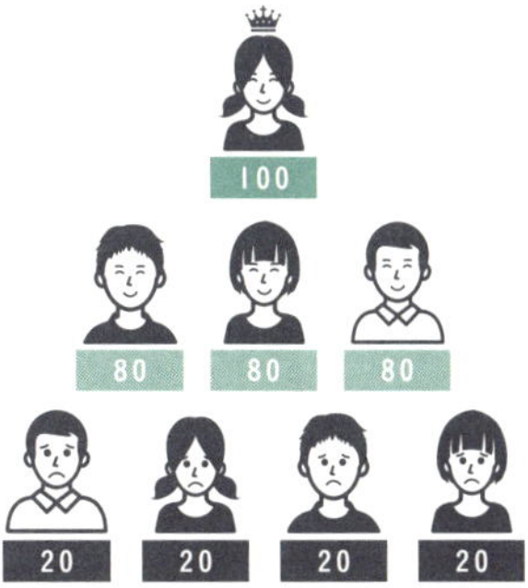

幸福度の低い社会

一部の人の幸福度は高いが、その他の多くは低水準。よい社会とは言えない。

弁護士資格を持つが実務より社会改革に関心を抱く

ベンサムは弁護士資格を持つが、法曹界には進まず、著作を通して社会に様々な提案を投げかけた。政治や法律の改革に情熱を抱き、新しいシステムの刑務所・パノプティコン(P.231)の建設計画をつくり、政府に提案。功利主義思想に基づき、監獄を囚人の矯正施設としてとらえた。

思想の背景

一部の人々が権力を独占する社会への疑問

ベンサムは、政府の役割は最小限にするべきとした。政府は治安の維持などのインフラ整備に注力し、具体的な幸福の追求は個人に任せるべきと考えたのだ。革命ではなく法制度から国を変えるという考え方は、のちに万人の平等を目指す普通選挙制の実現へとつながっていく。

John Stuart **Mill**

ジョン・スチュアート・**ミル**

1806～1873／イギリス／功利《こうり》主義

ベンサムが創始した功利主義哲学を発展させた。精神的な快楽（幸福）を重要視し、幸福の“質”に注目した「質的功利主義」を唱えた。

影響を受けた哲学者

ベンサム（P.200）

主な著書

『自由論』『功利主義論』

満足した豚であるより、不満足な人間である方がよい

ミルは、質の低い幸福に満足する人間ではなく、知性や道徳観を育む教育で、知的な満足度を高めることを目指した。

KEYWORD

質的功利主義

精神的な満足度を上げることで幸福度が高まる

ベンサムの功利主義では、快楽は計算できるものであると考えた。ミルはこれを発展的に展開して、各人の幸福追求を可能にするための社会のあり方について考えた。

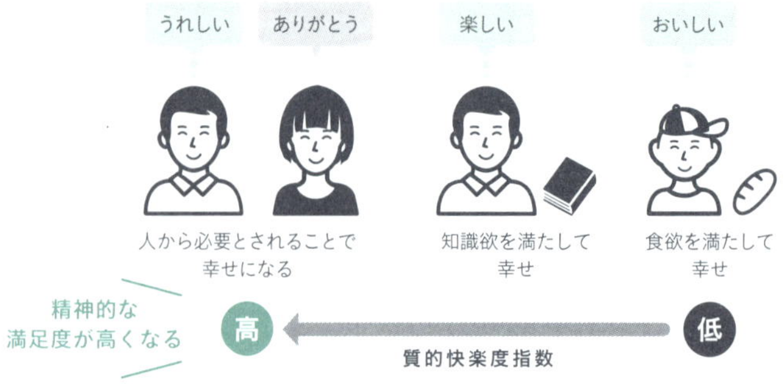
うれしい
ありがとう
楽しい
おいしい
人から必要とされることで幸せになる
知識欲を満たして幸せ
食欲を満たして幸せ
精神的な満足度が高くなる
高
低
質的快楽度指数

教育や法制度により、質の高い幸せを目指す権利が保障される社会をつくろうとした。

KEYWORD

危《き》害《かい》原《げん》理《り》

他人に害を及ぼさない限り 全員に幸福になる権利がある

ミルは、万人が自由に幸福を享受している状態を「最大幸福状態」と呼んだ。危害原理とは、他者が最大幸福状態の理念に反する行動を起こす時のみ、その自由に干渉してよいとする考え方。

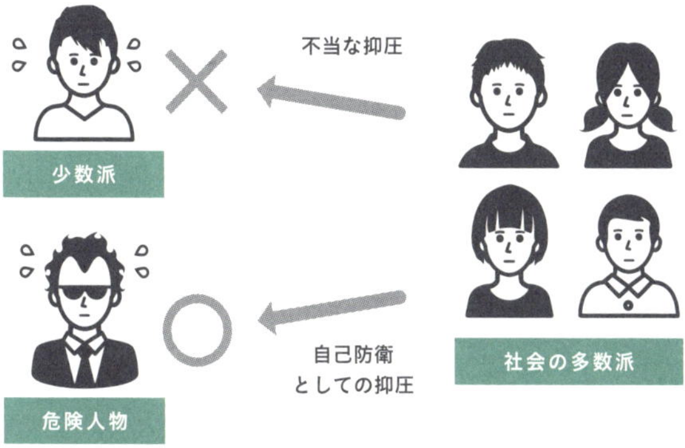

多数派が少数派の自由に干渉することは、不当な抑圧とみなされる。しかし、ある人物や組織が、周囲に危害を加える場合に限り、その自由を抑止することは許される。

功利主義の立場から 普通選挙の実施を 早くから訴えた

ミルは、リベラルな政治家として、女性の参政権を提唱した人物としても知られる。彼は、万人に等しく幸福を追求する権利があり、少数派も含めて、その意見を平等に尊重することで、全ての人の幸せが等しく実現可能になると考えた。出自や性別などによる差別は不当とした。

思想の背景

ベンサム流功利主義者の 父から 英才教育を受ける

経済学者で功利主義者の父、ジェームズによる厳格な教育を受ける。10代から若き哲学者として理想に燃え、忙しく活動した。一方、20歳で突然訪れた「精神の危機」をきっかけに、父の一方的な教育に縛られていた自分に気づき、功利主義の新解釈という独自の思想に目覚めていく。

Karl Heinrich **Marx**

カール・ハインリヒ・**マルクス**

1818〜1883／ドイツ／マルクス主義

社会主義を、理論面・実践面ともに大きく発展させた。友人のエンゲルスに助けられ、社会主義の概念の普及と、労働者階級の解放を目指した。

影響を受けた哲学者

ヘーゲル(P.196)

主な著書

『資本論』

万国の労働者よ、団結せよ！

マルクス主義は、国家の廃止と共産主義社会の実現がセットになる。そのため、民衆が団結して革命を起こす必要があった。

KEYWORD

ブルジョワジー（資本家）とプロレタリアート（労働者）

資本主義社会では労働者の働く意欲が失われる

資本主義社会では、土地や工場などの生産手段を持った資本家によって、労働者が支配される。資本家が利益を得て生産力を拡大しても、資本家同士での競争が起こるため、その富は労働者に再分配されず、貧富の差は縮まらない。

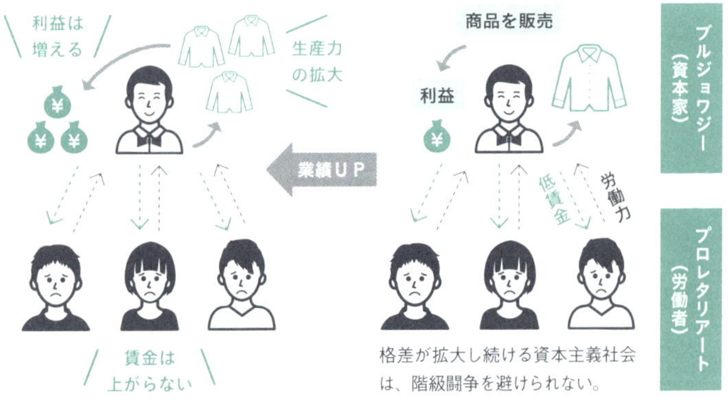
利益は増える
生産力の拡大
賃金は上がらない
業績UP
商品を販売
利益
低賃金
労働力
ブルジョワジー（資本家）
プロレタリアート（労働者）
格差が拡大し続ける資本主義社会は、階級闘争を避けられない。

KEYWORD

生産関係

生産を行う人々の社会的な関係性

生産を行ううえで、人々が相互に結ぶ社会的な関係性。例えば、封建制社会の領主と小作人、資本主義社会の資本家と労働者の関係。マルクスは、資本主義も歴史的な一段階に過ぎず、いずれ新たな生産関係（社会主義）に移り変わるとした。

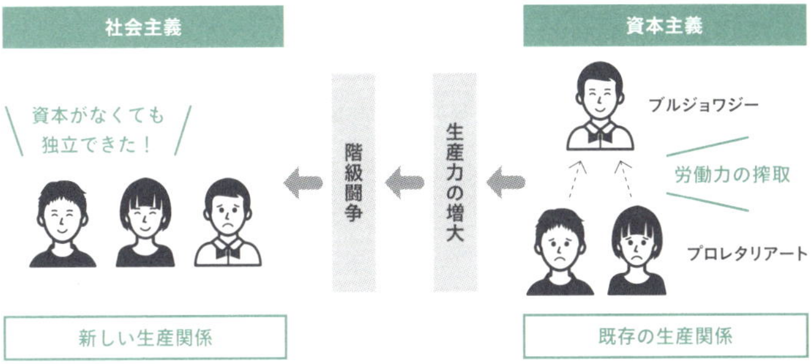

マルクスは、生産関係は歴史的に、原始共同体→奴隷制→封建制→資本主義→社会主義の順に発達すると説く。技術革新によって生産力が増大すると、被支配者階級の立場が向上して階級闘争が起き、新たな生産関係の時代に移行するという。

エンゲルスに支えられた浪費家マルクス

経済学者で社会主義者のフリードリヒ・エンゲルスは、裕福な実業家の家に生まれ、20代半ばでマルクスと出会う。著作でマルクスの思想を広めることに努めたほか、生涯にわたり、彼の生活費を援助した。おかげで、マルクス自身は非常にぜいたくな暮らしを送ったが、浪費癖のせいで借金は絶えなかった。

思想の背景

資本主義社会の行きづまりを悟る

19世紀のヨーロッパでは、産業革命に伴う資本主義が急速に発展し、工場で働く労働者は、低賃金で長時間労働を強いられた。それは経営側の資本家対労働者による階級闘争に発展し、ヨーロッパ大陸全域で、民衆の暴動が多発。同時期にマルクスとエンゲルスも、革命による社会変革を説く「共産党宣言」を出す。

Søren Aabye Kierkegaard

セーレン・オービュエ・キルケゴール

1813～1855／デンマーク／実存哲学

「実存哲学」の祖と言われる。それまでの哲学者が、普遍的な真理を求め続けたことに対し、「私にとっての真理」を求めた初めての哲学者。

主な著書

『死に至る病』
『あれか、これか』

私にとって真理であるような真理

キルケゴールが手記に記した言葉。この後に、「私がそのために死ねるような真理を発見することが必要なのだ」と続く。

KEYWORD

あれか、これか

弁証法（P.61）では補いきれない自分だけの真理の存在

キルケゴールは、著書『あれか、これか』の中で、2人の異なる意見を対立させ、読者に選択を迫る。「あれも、これも」をとり込んだ普遍的な真理ではなく、自分だけの真理を追究しようとした。

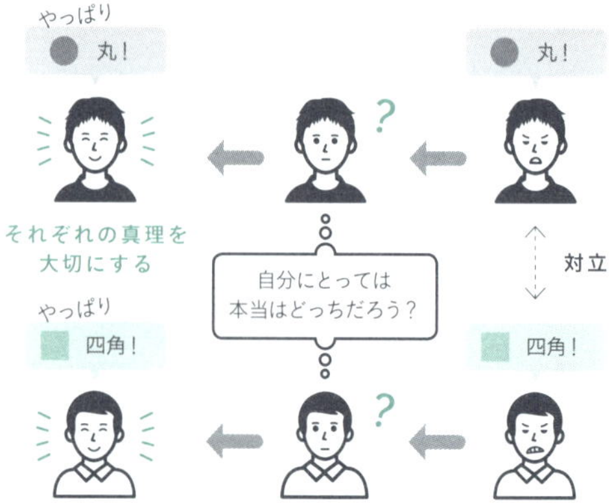

キルケゴールは、ヘーゲル（P.196）が唱えた弁証法などに代表される、普遍的な真理の探究に異を唱える。誰もが肯定する真理は、時に少数派の意見を抑圧する。それよりも、各人が自分にとっての真理を大切にすることが重要と考えた。

KEYWORD

例外者

社会の常識を超えて自分自身の存在を肯定する

キルケゴールは、既存の価値観にとり込まれず、自分だけの真理を目指して生きる「例外者」としての生き方を目指した。彼にとって、それは神の前に立つ「単独者」としての存在でもあった。

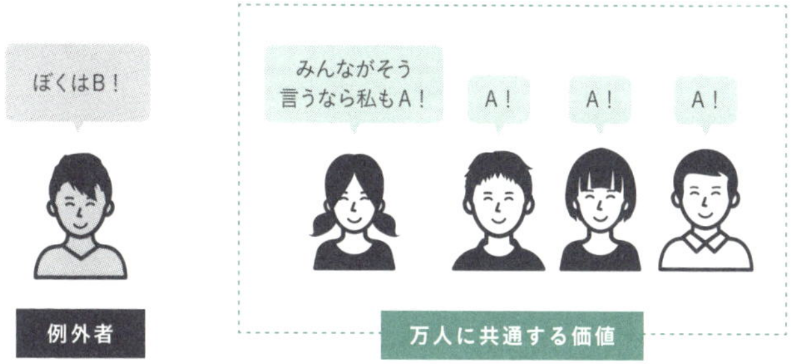

多数派から疎外され、たとえ不安や絶望のうちにあっても、個人の主体的な真理に従って生きることが、何よりも重要と考えた。

孤独の中、突然路上で卒倒して死亡

キルケゴールの思想は、当時受け入れられず、新聞には執拗に中傷記事が掲載された。彼は屈することなく、社会への厳しい批判を繰り広げたが、42歳の時に路上で卒倒し、そのまま帰らぬ人になってしまった。彼の思想は、20世紀に入ってから、ハイデガー(P.218)らによって発掘され、脚光を浴びる。

思想の背景

父の暴力性と偏執的な教育に苦悩した青春

デンマークの富裕な毛織物商人である父と、家政婦から後妻となった母との間に生まれ、父からキリスト教の厳しい教育を受けて育つ。幼い頃から、父が母と暴力的な関係を結んで自分が生まれたのではないかと苦悩。大学で神学・哲学を学んだ後、22歳で実存の思想に目覚めた。

Friedrich Wilhelm **Nietzsche**

フリードリヒ・ウィルヘルム・ニーチェ

1844～1900／ドイツ／生の哲学

ショーペンハウアーなどの影響を受けて哲学を開始し、キリスト教＆道徳批判を展開。生の苦悩の中に、“強さ”を求めた異端の哲学者。

影響を受けた哲学者

ショーペンハウアー
（P.198）

主な著書

『ツァラトゥストラ』
『権力への意志』

神は死んだ

近代における科学の発展に伴い、人々が素朴に神の存在を信じられなくなり、生きる意味を見出せなくなった状態を指す。

KEYWORD

ニヒリズム

既存の価値観が全てくずれ去る時代

既存の価値や秩序、権威の絶対的な根拠を否定する立場。ニーチェは、キリスト教道徳を基盤にした社会が、必然的にニヒリズムに行き着かざるを得ないと洞察し、既存の価値基準を根本的に転換しなければならないと考えた。

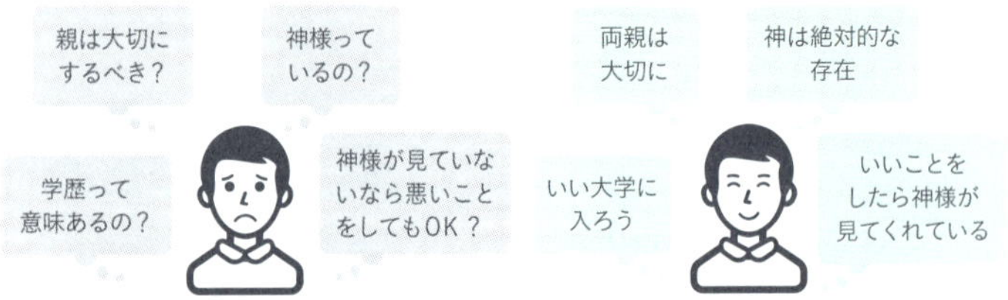

親は大切にするべき？
神様っているの？
学歴って意味あるの？
神様が見ていないなら悪いことをしてもOK？
両親は大切に
神は絶対的な存在
いい大学に入ろう
いいことをしたら神様が見てくれている

ニヒリズムの時代

一般的な価値観が崩壊。ひとりひとりが新たに、倫理的な生き方を創造する必要がある。

←

近代以前の社会

揺るぎない価値観を基に生きる世界。表向きは平穏だが、人々の心は抑圧されている。

KEYWORD

権力への意志

困難を乗り越えようとする生への衝動

困難や問題にぶつかった時に、それを乗り越えようとする意志。「より力強く」生きようとする衝動であり、ニーチェは、人間を含む生き物全ての存在の根幹をなすものと考えた。

人は欲求に応じて物事の価値を解釈する

おいしそう！
空腹時
そうでもない…
満腹時

価値の解釈はその都度、「権力への意志」のあり方に応じて行われる。「権力への意志」のあり方を常にとらえなおすことが、自分の価値基準を改めてつくりなおすための条件となる。

ワーグナーに心酔するがのちに絶交する

ニーチェは、ショーペンハウアーや古代ギリシャ神話に強い影響を受けたワーグナーの音楽に心酔。彼を絶賛する論文（『悲劇の誕生』）を発表し、その極端な内容で大学教授としての評価を急落させてしまった。しかし、のちにワーグナー自身とも絶交。孤独の影を強めていく。

思想の背景

キリスト教が少しずつ影響力を失い、生への希望がつかみづらくなる

ニーチェが著作『ツァラトゥストラ』で、ツァラトゥストラに語らせたように、キリスト教における神の影響は徐々に色あせ、善悪の観念は揺らぎ始めていた。世界に意味や目的を見失った人々は、善悪のあり方に対して、もはや素直に信じることができなくなってしまった。

William James

ウイリアム・ジェイムズ

プラグマティズム

物事の真理を、その結果から判断する思想。人間の生をよりよくする知識が正しく、そうではなければ正しくないとする。

1842〜1910／アメリカ／プラグマティズム

心理学者、哲学者。友人のパースが唱えた思想「プラグマティズム」を、発展・確立させた。現代のアメリカ哲学に影響を与え続けている。

影響を受けた哲学者

パース※

主な著書

『心理学原理』
『プラグマティズム』

※チャールズ・サンダース・パース。
アメリカの哲学者、論理学者。プラグマティズムの創始者。

KEYWORD

プラグマティズム
(道具的真理観)

実際に役に立つかどうかが最も重要なこと

プラグマティズムにとって、真理の基準は、その知識が役立つかどうか。つまり、真理は決してひとつの普遍的なものではなく、状況や目的によって規定されるものであると考えられた。

ジンクス　おまじない　信仰

赤い靴下をはくと結果がよかった

落ち着いてテストに臨めた

祈りが通じて病気が治った

その観念が「働く」かどうかが
真理の基準である

例えば信仰のような、万人が受け入れられる物事ではなくても、本人が生きるうえで役に立ったと思うなら、それはひとつの真実と考えられる。ただし、ジェイムズは超常現象に関しては、「疑う人にまで信じるに足る根拠はない」と発言している。

KEYWORD

悲しいから泣くのではなく、泣くから悲しい

身体の反応に応じて感情が左右される

ジェイムズが心理学者として提唱した学説。人間の感情も、結果から導き出されるものがあると唱える。情動は、その原因を知覚することによって起こる身体的変化を体験することとした。

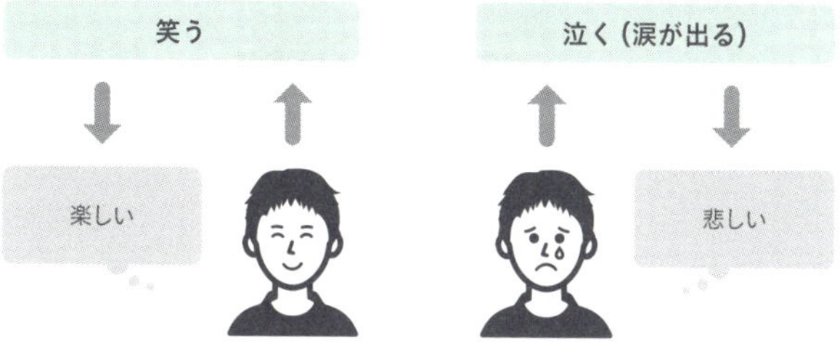

悲しみや楽しさという情動は、まず神経興奮が起こり、それに伴って起こる身体的変化を体験することだと考えた。つまり「泣く」ことで初めて、悲しみを体験できるという。

自由な家庭で育ち大学まで学校教育を受けずに過ごす

ニューヨークに生まれたジェイムズは、幼少期をヨーロッパ各地で過ごした。宗教家の父は、型にはまった教育を嫌い、その方針から正規の学校教育を受けなかった。19歳でハーバード大学に入学し、医学を学ぶ。のちに心理学に転向し、実験心理学にも大きな貢献をした。

思想の背景

南北戦争におけるイデオロギー対立の解決を試みる

奴隷制をめぐる、南北の利害対立が原因と考えられがちな南北戦争だが、一方で、イデオロギー（P.243）対立の結果による戦争という面もあったと言われる。プラグマティズムは、新しい真理の基準を打ち立てることで、イデオロギー対立そのものを解決しようとした。

Sigmund **Freud**

シグムント・フロイト

1856～1939／オーストリア／精神分析学

精神分析学の創始者。心理療法の基礎をつくり上げ、その過程で、「無意識」を発見。「理性」を絶対視してきた哲学の世界に、大きな衝撃を与える。

主な著書

『精神分析入門』
『自我とエス』
『夢判断』

人間の行動は無意識に支配されている

人間の心は、「エス」「超自我」「自我」の3つの領域から成り立ち、それをコントロールしているのは無意識であるとした。

KEYWORD

無意識

人間の行動は無意識に規定されている

それまでは、人間の意識や行動は、理性でコントロールできると考えられていた。しかし、フロイトは人間の行動の大部分は、理性が及ばない無意識に規定されているという考えを提示した。

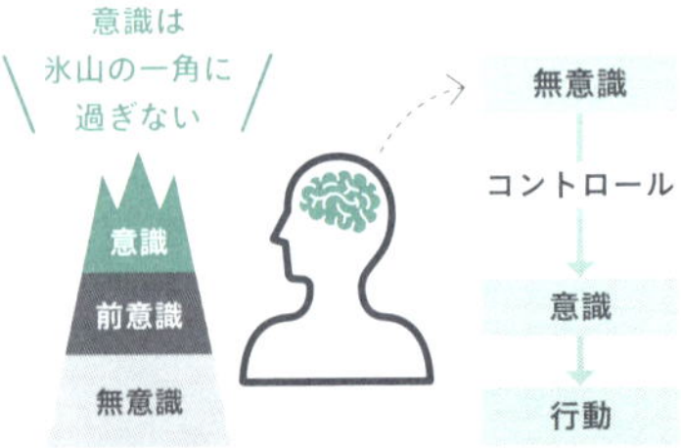

フロイトの考え方

人間の行動の原理は無意識にあり、幼い頃の原体験や、忘れている記憶なども、意識に影響を及ぼすとした。

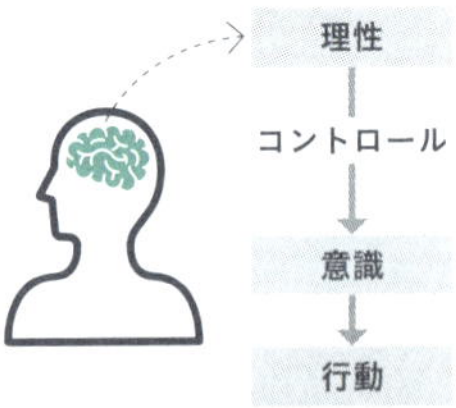

デカルトの考え方

デカルトは、方法的懐疑から自我を発見し、生まれ持った理性が人間を支配していると考えた。

KEYWORD

エス・自我・超自我

人格は3つの要素で構成される

フロイトは、人間の心は、3つの領域によって構成されるとした。後天的に植えつけられた道徳観念である「超自我」と、無意識的な衝動である「エス」。そして2つのバランスをとるのが「自我」だ。

超自我

とにかく仕事をするべきだ

無意識的な道徳観念。子どもの頃、両親などの価値観を通じて形成される。

エス

仕事を休んでゴロゴロしたい

無意識的に人間を支配する、快楽への衝動。

自我

ちゃんと出社して早めに帰ろう

現実の状況に応じて、エスと超自我をコントロールする。

日常生活で抑圧された欲求と夢との関係性を分析

当時、夢は無意味な現象として扱われていたが、フロイトは夢の原因を精神状態と関連づけ、多くの夢を集めて、夢の意味と、それが生まれる仕組みを研究。夢から深層心理を読み解く主著『夢判断』を執筆した。フロイトによると、夢は日常で抑圧された願望を充足させるために生成される。

思想の背景

精神科医として催眠術に傾倒し無意識の存在に着目

精神科の臨床医として活動したフロイトは、患者への治療に催眠術をとり入れ、患者の心に浮かぶことを自由に話させたことをきっかけに、症例の裏側には本人が意図していない意識（無意識）が存在することに気づく。その後、無意識の存在をベースにした精神分析学を確立させていく。

Edmund **Husserl**

エトムント・フッサール

事象
そのものへ！

1859～1938／ドイツ／現象学

「現象学」の祖。現象学を、認識の基礎を解明する学問と位置づけ、意味や価値に関する認識についても、普遍的な根拠を明らかにしようとした。

影響を受けた哲学者

デカルト（P.182）

主な著書

『現象学の理念』

「私」の意識の上に現れる事象（物事）の背後に、その現象を可能にしている「真理」を想定しないという、現象学の基本精神。

KEYWORD

現象学

意識を基に、学問の基礎を模索

フッサールは、もろもろの学問に根拠を与える「基礎づけ」の学問として、現象学を創始した。そして、人間の意識に現れる事柄からその共通項（本質）を見て取ることで、全ての人に共通する認識の可能性を導くことができると考えた。

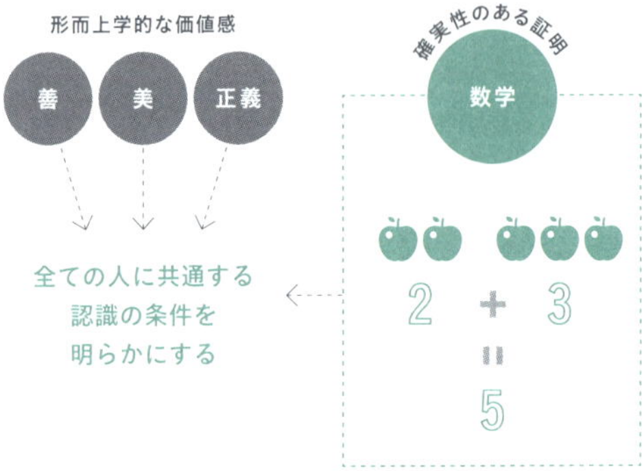

科学的な根拠を必要とする実証的な物事をはじめ、正義や善、美などの価値観まで、全ての対象はただ自分にとってだけあてはまる確信を超えないととらえなおす。そのうえで、意識に与えられた知覚経験を探求することで、普遍的な認識の条件を明らかにしようとした。

KEYWORD

還元

受け取った知覚のみを探求する

人間は、自分の意識から出ることはできず、目の前の世界が真実かどうか確かめられない。そのため、まずは対象が「存在する」という前提を一旦保留（エポケー）し、意識の内で知覚がどのようになされているかを改めて検証する。

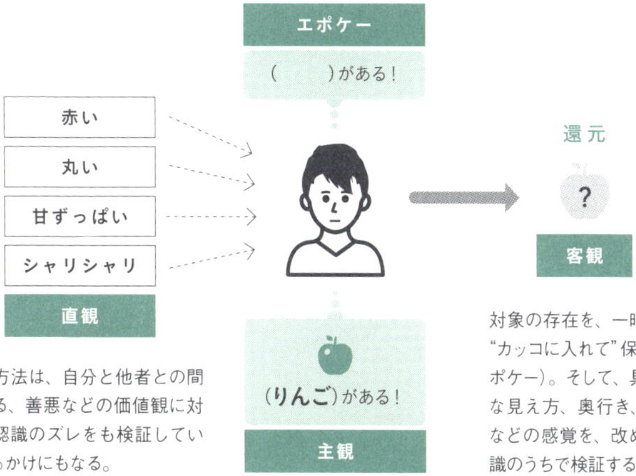

この方法は、自分と他者との間にある、善悪などの価値観に対する認識のズレをも検証していくきっかけにもなる。

対象の存在を、一時的に“カッコに入れて”保留（エポケー）。そして、具体的な見え方、奥行き、重さなどの感覚を、改めて意識のうちで検証する。

戦時中に迫害を受けるが膨大な原稿を残す

フッサールは、オーストリア生まれのユダヤ系ドイツ人。ヒトラー政権の成立後は、教授資格のはく奪や著作の発行禁止など、ドイツ国内での活動を制限された。しかし、毎日書斎にこもって執筆し、書かれた原稿は、亡くなるまでの5年間で4万5000ページに及んだ。

思想の背景

意味や価値についても普遍性の条件があるのではないかと考えた

フッサールは、数学の研究から哲学の道に入ったが、哲学の真理が哲学者の数だけ乱立する状況に困惑する。まずは哲学の基礎に、普遍的な認識の原理を定めるべきだと考えた。そしてその方法は、数学の定理と同じく、誰もが理解できるものであるべきとした。

Ludwig **Wittgenstein**

ルートウィヒ・
ウィトゲンシュタイン

語りえないものについては、沈黙しなくてはならない

1889～1951／オーストリア／分析哲学

分析哲学の代表的存在。その哲学は、言語と世界との対応関係を明らかにしようとした前期と、日常言語の分析に取り組んだ後期の2つに分かれる。

影響を受けた哲学者

フレーゲ※1、ラッセル※2

主な著書

『論理哲学論考』
『哲学探究』

言葉と世界は直接対応する。魂や神といった、言葉にできないものについて語ってきたこれまでの哲学は、全て誤りと主張。

※1　ゴットロープ・フレーゲ。ドイツの論理学者、哲学者。分析哲学の基礎を築いた。
※2　バートランド・ラッセル。イギリスの数学者、哲学者。数学者として出発し、分析哲学に大きな影響を与えた。

KEYWORD

写像理論《しゃそうりろん》

言語は世界を写し取ったもの

ウィトゲンシュタイン前期の哲学。言語は世界を写すモデルであり、モデルは事実を正確に写し取ったものでなければならない。翻せば、魂や神といった、検証できない物事については、言語から取り除かなければならない。

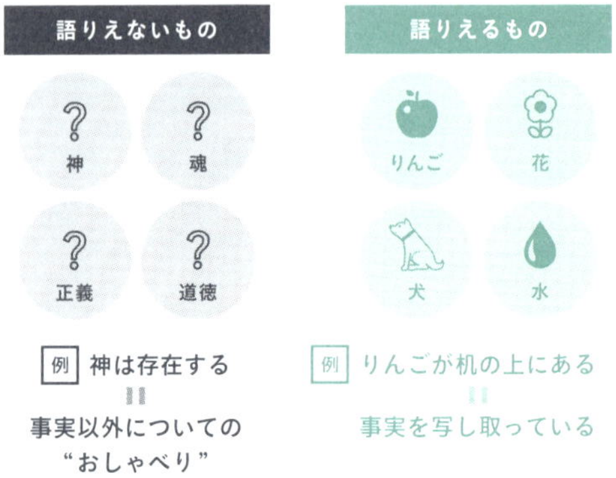

語りえないもの
神
魂
正義
道徳
例 神は存在する
事実以外についての
“おしゃべり”
語りえるもの
りんご
花
犬
水
例 りんごが机の上にある
事実を写し取っている

神や魂、世界の真理…。哲学が追究してきた、直接検証できない形而上学的な物事は、全て意味をなさない“おしゃべり”に過ぎなかった。ウィトゲンシュタインは、“語りえないものについては沈黙すべき”として、既存の哲学に終止符を打つ。

KEYWORD

言語ゲーム

言語の意味は状況によって変化し、特定できない

ウィトゲンシュタイン後期の哲学。全ての言語は生活様式の一部であり、人々は、言語の用法に応じて意味が定まる言語の「ゲーム」を営んでいるとした。

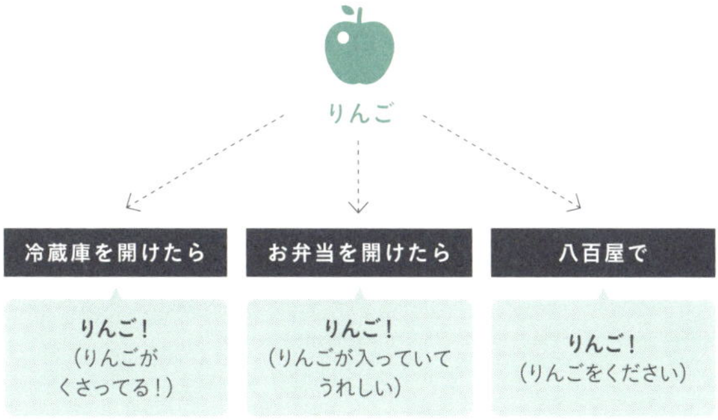
りんご
冷蔵庫を開けたら
りんご!
(りんごが
くさってる!)
お弁当を開けたら
りんご!
(りんごが入っていて
うれしい)
八百屋で
りんご!
(りんごをください)

ゲームは、そのプレイヤー同士が同じルールを共有していなければ成り立たない。
同様に、言語も互いにルールの了解が成立していなければ、意志を伝え合うことはできない。

建築家としても正確さや完璧さを重視

ウィトゲンシュタインは、姉に頼まれて、家の設計に携わったことがある。現在も残るその家は、随所に対称性や細かい秩序が存在し、特にドアにこだわりがあったようで、厳密な相関関係が生まれるように設計されている。彼の厳密さや美意識が反映された建築だ。

思想の背景

一度は哲学をやめるがのちに再開。自らの理論を批判&発展させる

前期の主著『論理哲学論考』を書きあげると、「哲学の問題は全て解決した」と信じ、30歳で哲学をやめて教師や庭師として生活する。しかし10年後、自身の哲学に疑問を抱いて研究を再開し、「言語ゲーム」の概念を導く。20世紀以降の分析哲学に、大きな影響を残した。

Martin **Heidegger**

マルティン・ハイデガー

1889～1976／ドイツ／現象学・存在論

「存在」に研究テーマを置き、フッサールの現象学から出発して、独自の存在論を展開。のちの実存主義の哲学に、大きな影響を与えた。

影響を受けた哲学者

フッサール（P.214）

主な著書

『存在と時間』

死は追い越しえない可能性

可能性に対して開かれ、限界づけられた人間存在についての探究を入り口として、存在一般についての探究を行った。

KEYWORD

実存《しつぞん》

人間は自分の存在について考えることのできる唯一の存在

自己の存在を問題としながら存在する、人間のあり方。ハイデガーは、日常の世界における人間の生のあり方を分析することを通して、存在の意味を新たに問いなおした。

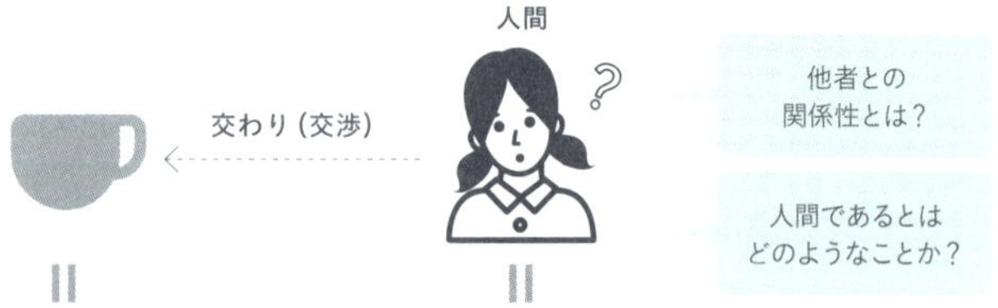
人間
交わり（交渉）
他者との関係性とは？
人間であるとはどのようなことか？

存在者

ただ単に存在するもの。人間の関心や欲望に相関して意味を表す「道具」なども含まれる。

現存在《げんそんざい》（ダー・ザイン）

自己の存在に関心を持ち、それを了解しようとする存在者。事物の存在様式とは異なる。

その都度の欲望や関心（気遣い）をもとに可能性を選び、様々な事物や他者と関係を取りながら、「いま・ここ」を生きる。

KEYWORD

企《き》投《とう》

死への不安を正面から見つめ自分の本来的な可能性をつかみとる

死は人間（現存在）の終わりとして、経験はできないけれども最後の確実な可能性と定義する。企投とは、人間の生における「死」の可能性を自覚し、本来的な生き方を目がけること。

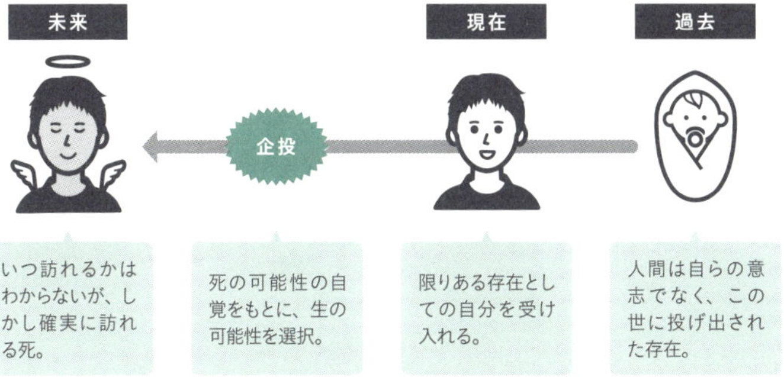
未来
現在
過去
企投
いつ訪れるかはわからないが、しかし確実に訪れる死。
死の可能性の自覚をもとに、生の可能性を選択。
限りある存在としての自分を受け入れる。
人間は自らの意志でなく、この世に投げ出された存在。

人間は、否応なく世界に投げ込まれた存在として、平凡な日常の可能性のうちに「住まっている」。
ハイデガーは、存在が与える死の不安を正面から受け入れることで、
自分固有の本来的な可能性を見出すことができると説いた。

戦後は一時追放されるが実存哲学が大ブームに

ナチス党員だったハイデガーは、公の場でナチズムを肯定したため、戦後は大学を追われることになった。しかし、フランスを中心に、サルトル（P.220）などの哲学者がハイデガー哲学を熱烈に支持。時代の空気にのって、その哲学はひとつのブームになり、社会的地位をとり戻した。

思想の背景

古代ギリシャ哲学と文学がベースとなった独自の哲学

古代ギリシャの哲学を基礎に、現象学にヒントを得て、存在論を展開した。ニーチェやキルケゴール、詩人・ヘルダーリンなどを愛読する文学青年だったためか、文体は厳かで難解。主著『存在と時間』は、「現存在」など、自身作の造語も頻出し、とても読みにくい著作となっている。

Jean-Paul Sartre

ジャン＝ポール・サルトル

1905～1980／フランス／現象学・存在論

哲学者、作家。ハイデガーの実存哲学に影響を受け、実存主義を広めた。文学者の社会参加を主張し、平和運動などにも積極的に関わった。

影響を受けた哲学者

ニーチェ（P.208）、ハイデガー（P.218）

主な著書

『存在と無』、小説『嘔吐』

実存は本質に先立つ

人間は、自らの意志ではなくこの世に生み出された存在。自分自身で人生を切り開き、本質を見つけ出さなければならない。

KEYWORD

レゾンデートル（存在理由）

人間には生まれつき存在理由が与えられていない

「はさみ」には「物を切る」という役割があるように、物には元々の存在理由がある。しかし、人間には生まれつき理由が与えられていないため、自らその意味を探さなければならない。

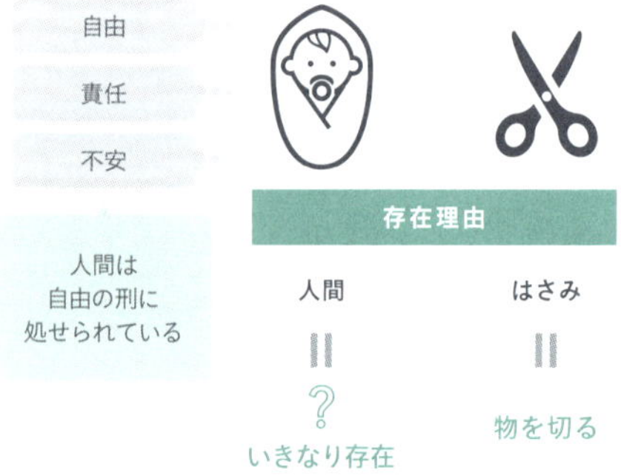

生まれつき「自由」を運命づけられた人間は、自らの人生を自由に創造する必要がある。一方で、自由な判断や行動には責任も伴う。サルトルは、個人の行動が個人だけでなく全人類に責任を負うと考え、「自由の刑に処せられている」と表現した。

KEYWORD

対《たい》自《じ》存《そん》在《ざい》

選択を自由に行う立場である人間

サルトルによると、人間は常に、自分の存在に対して「選択」を行いながら存在している。対自存在とは、“今ある”現在から“あるべき”未来に向かって、常に自分自身の存在を超え出ていこうとする人間のあり方を示す。

私
＝
自分の可能性を追求せざるをえない「私」
＝
対自存在

私　他者
＝
親の期待に応えたい、など他者からの視線を意識する私
＝
対《たい》他《た》存在

はさみ
＝
物を切る
＝
即《そく》自《じ》存《そん》在《ざい》

人間は自身にとっての存在であると同時に、他人にとっての存在でもある。
他者のまなざしによって、限定的かつ客観的に認識される自己の存在を「対他存在」と呼ぶ。
また、存在理由がはっきりしている事物は、「即自存在」と呼ばれる。

ノーベル文学賞の辞退、男女の自由な関係…信念を貫いた人生

小説『嘔吐』は、世界的なブームに。1964年にノーベル文学賞の受賞が決まるが、ノーベル賞には政治的に偏った傾向を感じるとして、受賞を辞退した。また、哲学者・ボーヴォワールとは生涯にわたるパートナーであり、婚姻や子どもを持つことを拒否し、互いに自由な関係を貫いた。

思想の背景

哲学・文学を政治・社会と結びつけた行動する知識人

第二次世界大戦後、サルトルが訴えた、ヒューマニズム※と結びついた実存主義や、文学者による社会参加（アンガージュマン）は、世間の注目を浴び、特に若者たちに大きな支持を得た。サルトル自身は共産主義の支持者となり、自らも反戦・平和運動に積極的に参加した。

※人間性を何よりも重視し、その解放を目指す思想。

Emmanuel Lévinas

エマニュエル・レヴィナス

1906～1995／フランス／現象学・存在論

フッサールとハイデガーに学ぶ。自らのユダヤ人収容所体験とユダヤの伝統的な価値観などをもとに、独自の「他者」論を展開した。

影響を受けた哲学者

フッサール（P.214）、ハイデガー（P.218）

主な著書

『全体性と無限』
『存在の彼方へ』

顔を見ることで、他者に責任を負う

人は、世界の中の異物に過ぎなかった他者の「顔」と向かい合うことによって、他者が「他者であること（他者性）」に気づく。

KEYWORD

イリヤ

自分を取り巻く主語なき存在への恐怖

第二次世界大戦中、ナチスによりユダヤ人収容所に入れられたレヴィナス。戦後、彼の前に現れたのは、親族のほとんどが殺された世界だった。彼は、大切なものが失われてもなお存在する世界の空虚感を「イリヤ」と呼んだ。

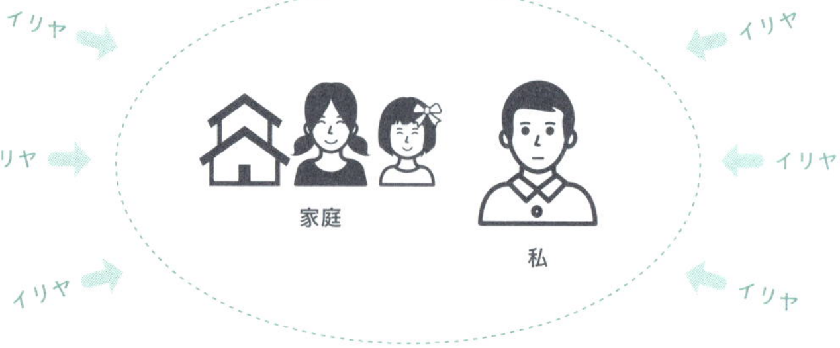

家庭などの親密な空間の中なら、イリヤ（空虚）に脅かされることはないが、外部には相変わらずイリヤが存在する。レヴィナスが解決策を求めたのが「顔」との出会いだった。

KEYWORD

顔

他者の顔を見ることで
その存在に責任を負う

本来「他者」は異邦人のような存在だが、その「顔」が、自分のエゴイズムを超えて存在（他者性）を訴えかけてくる。レヴィナスはそこに、他者の存在意義や、殺人の不可能性を見出そうとした。

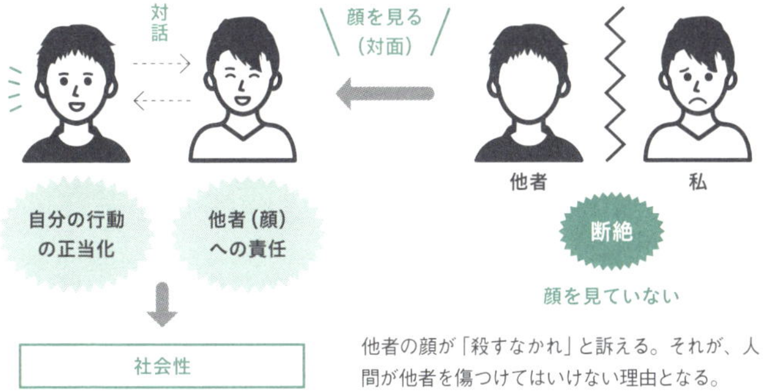

他者の顔が「殺すなかれ」と訴える。それが、人間が他者を傷つけてはいけない理由となる。

人間は他者の
顔を見ることで
殺人を思いとどまる

レヴィナスは、戦争においてあまりにも日常的に行われる殺人について、「許されることなのか」「可能なことなのか」と問い続けた。そして、他者の「顔」の中に、ひとつの答えを見出した。他者の顔は、「殺すなかれ」という定めを語り続ける。つまり、自分と他者との関係、それ自体が「倫理」であるとしたのだ。

思想の背景

家族や友人のほとんどを
強制収容所で
殺されてしまう

ユダヤ人だったレヴィナスは、第二次世界大戦中、自らも捕虜として収容され、自分と妻子はかろうじて助かったものの、親族のほとんどを亡くした。戦後、関係の多くが失われた世界の中に、彼は無意味で過剰な存在を感じ、恐怖する。それが、「イリヤ」「顔」などの思考のきっかけとなった。

Georges Battaille

ジョルジュ・バタイユ

1897～1962／フランス／エロティシズム論

哲学者、作家。図書館司書として勤務するかたわら、ヘーゲル、ニーチェなどの影響をもとに独自の思想を構築。デリダやフーコーにも影響を与えた。

影響を受けた哲学者

ニーチェ（P.208）

主な著書

『内的体験』『呪われた部分』『エロティシズム』

エロティシズムとは死に至るまで生を称《たた》えることである

人間的・文化的なルールで禁止された「性」に、あえて近づき、それを侵すことで、人間のみが知る生の喜びを得られる。

KEYWORD

消《しょう》尽《じん》

非生産的な活動に生きる意味を求める

原初の人間は、自らの労働力の多くを、石像や神殿の造立など、精霊や神々に捧げることに費やした。バタイユはそれを、生産活動の安定を願ってというより、費やすこと自体を目的とする消費（消尽）に喜びを見出していたと考えた。

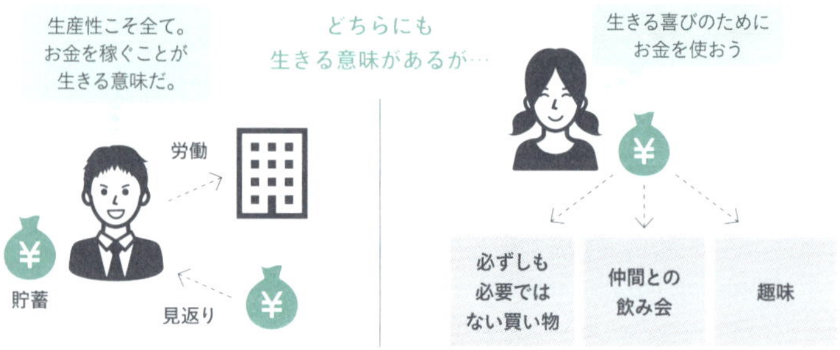

生産性こそ全て。お金を稼ぐことが生きる意味だ。
どちらにも生きる意味があるが…
生きる喜びのためにお金を使おう
労働
¥
貯蓄
見返り
必ずしも必要ではない買い物
仲間との飲み会
趣味

生産性が重要視される現代。しかし、生産するだけの人が、果たして「人間的」なのだろうか。

KEYWORD

過剰

富を消費することが人間の喜び

バタイユは、消費（消尽）こそ、人間の喜びの本質であると指摘。歴史的に、「過剰」エネルギーである富は、消費されることが目的だったことを示す。そして、生産と富の獲得のみが重視されるようになった、近代の資本主義社会を批判する。

中世までは過剰（富）は消費されてきた

近代以降

資本家などに富が集中し、それが使われることはない。

中世

余剰財産は、慈善活動として教会へと寄進された。

古代

王（支配者）は浪費をすることで大衆の気持ちに応えた。

死と性ばかりをテーマに小説を執筆

「死」「エロティシズム」「禁止」「侵犯」などをメインテーマとした小説を執筆。『眼球譚』『マダム・エドワルダ』『空の青み』などの小説は、後に主著『エロティシズム』によって、理論的に補完されることとなった。バタイユの作品は、日本の三島由紀夫や岡本太郎にも、強い影響を与えている。

思想の背景

ファシズムの台頭に近代社会に根ざす抑圧を見る

1930年代、ヨーロッパ社会は、大恐慌による資本主義社会の破綻を皮切りに、国家主義とファシズムが台頭。バタイユは、不況によって、「生産性」「有用性」を重視する資本主義社会から、労働者（大衆）の多くが排除され、ファシズムが彼らの不満の受け皿になった、と分析する。

Hannah Arendt

ハナ・アレント

人間の条件は
「労働」「仕事」「活動」
の3つ

1906〜1975／ドイツ

アメリカの政治思想家でドイツ出身のユダヤ人。ナチズムやスターリニズムなどに大衆が吸収される過程を分析し、全体主義(P.109)を鋭く批判した。

影響を受けた哲学者

ハイデガー(P.218)

主な著書

『全体主義の起源』
『人間の条件』

アレントは、人間の基本的な行動を、労働・仕事・活動に区分して分析。人間だけが持つ、創造的で自由な活動に着目した。

KEYWORD

人間の条件

自由な「活動」こそ、人間らしさ

「労働」は、生命維持のために必要な行動。「仕事」は、創造的な製作などの分野であり、「活動」は、共同体の一員として生きる営みのこと。アレントは、近代化に伴い、人間の本質である「仕事」「活動」の価値が失われつつあると警告した。

	労働	仕事	活動
意味	人間の必要性（最低限の衣食住）を満たすために働くこと。	製作活動により作品を生み出すこと。	それぞれの固有性や独自性を認めたうえで成立する言論の営み。
近代以前	狩猟採集や農耕を行った。	長い年月による熟練を必要とした。	人間関係を構築する原点となった。
現代	道具の改善や機械の登場により、体を動かして働く必要（労苦）が減った。	道具の改善や機械の登場により、誰でも同じものを生産できるようになった。	生産性のない無駄な営みとして避けられる。

↓	↓	↓
労働の苦痛から自由になろうとする動機がなくなった。	人間がただの機械を操作する人形になる。	労働による生命の維持のみが人生の目的になる。

KEYWORD

余暇

「余暇」の本来の目的は社会参加

古代ギリシャの人々は、奴隷制によって日々の労働から解放された。彼らは公的な場を重視し、その余暇の時間を社会全体の改善や進歩のために活動した。現代の人々は、余暇を労働のための再生産(消費活動)に充てるので、公的な人間として生きなくなっている。

現代

余暇 ＝ 消費活動

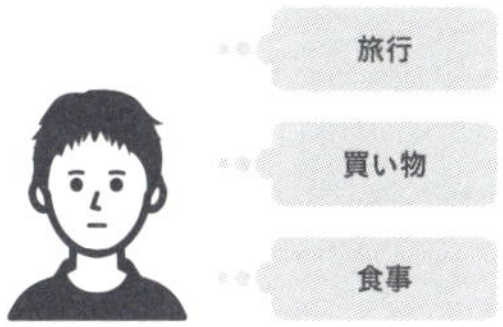

社会は、政治家など限られた人にゆだねられ、個人の関心は消費のみに向かう。

古代ギリシャ

余暇 ＝ 活動

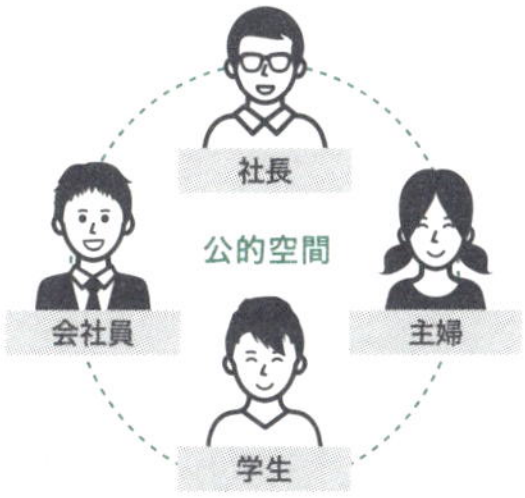

個人が公的空間に現れ、社会の運営に参加することこそ、人間本来の自由。

アメリカに亡命し本格的な執筆活動を始める

ユダヤ人であったアレントは、ナチズムの台頭とともに、ドイツを逃れてアメリカへと亡命。のちに帰化して、本格的な執筆活動を始め、アメリカを代表する知識人のひとりになった。アレントの著書は決して読みやすいものではないが、母語のドイツ語ではなく、英語で書かれたからという事情もあるようだ。

思想の背景

技術が発展した工業化社会に対する危機感

産業の機械化に伴い、人間は「労働」の苦痛から解放され、「仕事」「活動」へと向かうモチベーションが保ちにくくなった。さらに、大量生産の時代の中で、人々の関心は消費活動へと向かい、個人として社会と関わることがなくなる。アレントはそれを、公的な活動を伴った人間本来の生活(活動的生活)の放棄と考えた。

Claude Lévi-Strauss

クロード・レヴィ=ストロース

1908～2009／フランス／構造主義

文化人類学者。親族や神話の構造分析を行い、構造主義人類学を確立。紀行文でもある『悲しき熱帯』が話題となり、構造主義を世界に広めた。

主な著書

『悲しき熱帯』
『野生の思考』

世界は人間なしに始まったし、人間なしに終わるだろう

著書『悲しき熱帯』にある言葉。文明は、人間の意志ではなく、固有の構造に即して構成されるものであるとして世界を俯瞰する。

KEYWORD

構造主義

社会の構造をベースに個人の価値観が存在する

社会文化の根底にあり、社会を構成する人々も自覚していない構造をとり出す分析方法。レヴィ=ストロースは、近代の西洋文明を、人類文化全体の中で改めて見つめなおそうと試みた。

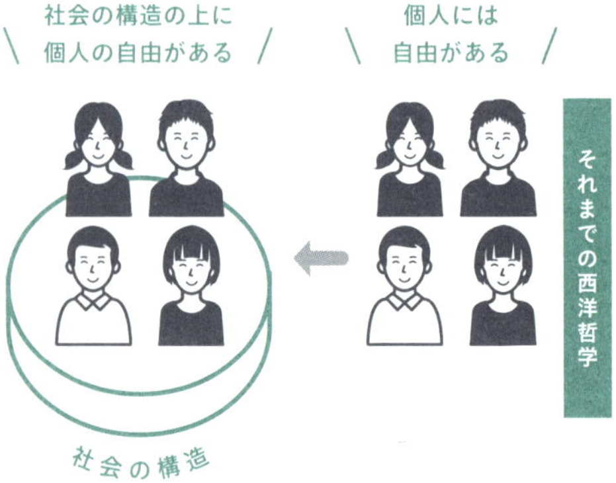

社会の構造の上に
個人の自由がある
個人には
自由がある
それまでの西洋哲学
社会の構造

構造主義は、実存主義をはじめとする西洋哲学が重視した「主体」や「人間」を否定する。一方で、人間社会全体の根本に存在する「構造」に注目することで、西洋だけでなく世界全体を俯瞰する視線を獲得。「人間」に対する新たな認識を得ようとした。

KEYWORD

無意識の構造

社会には無意識の秩序が存在する

人類学や言語学の方法を用いて、人間の意識や主体性に、無意識の秩序が先行すると論じた。そしてブラジルなどの先住民への調査をもとに、未開とされていた社会の中にも、婚姻制度をはじめ緻密な秩序に基づく構造が存在することを示した。

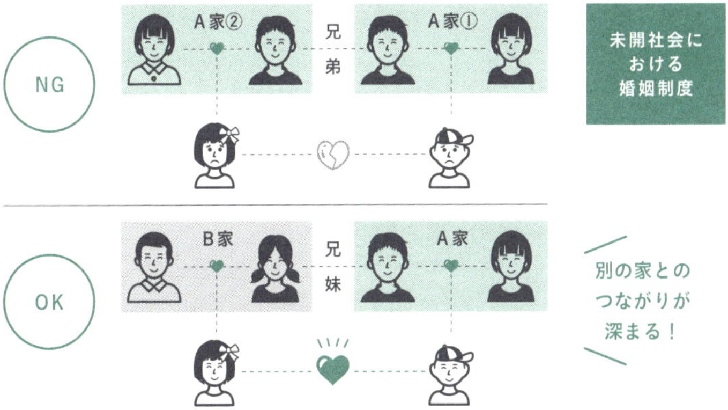
未開社会における婚姻制度
NG
A家②
兄弟
A家①
OK
B家
兄妹
A家
別の家とのつながりが深まる！

近親相姦の禁止の背後に、「女性の交換」という構造が、世界的に存在する。
女性は同じ父系グループ内での結婚が禁じられ、他グループの男性と結婚しなければならない。
このことで、異なるグループ同士のコミュニケーションが成立し、社会そのものが維持されていく。

「歴史」を重視するサルトルと対立

レヴィ＝ストロースと旧知の間柄だったサルトル(P.220)は、当初、彼を後押ししていた。しかし、人間的主体がつくり出す歴史(主に西洋史)の必然性とマルクス主義を肯定するサルトルにとって、社会のあり方を歴史と切り離して無意識下の構造へと向けた構造主義は受け入れがたく、やがて論争へと発展する。

思想の背景

西洋中心主義の行き詰まりを予感

『悲しき熱帯』が発売された1955年、ヨーロッパでは、帝国主義と植民地支配の時代が終わり、マルクス主義の目指した理想も、リアリティを失いかけていた。構造主義は、全ての人類に通底する文化のあり方を通して、西洋文化中心主義に疑問を呈し、新時代の思想として人々に受け入れられた。

Michel **Foucault**

ミシェル・フーコー

人間の終焉は間近い

近代の言語学や生物学などが作り出した「人間」というイメージに普遍性はなく、たまたま成立したものに過ぎない。

1926〜1984／フランス／ポストモダン思想

ポストモダン思想を代表する思想家。歴史上の膨大なデータをもとに、近代社会の制度・構造に、普遍性がないことを明らかにしようとした。

影響を受けた哲学者

ベンサム(P.200)、
レヴィ＝ストロース(P.228)

主な著書

『言葉と物』『狂気の歴史』
『監獄の誕生』

KEYWORD

エピステーメー（知の枠組み）

時代の認識を形作る「知の枠組み」

人間は、それぞれの時代の「エピステーメー」(知の枠組み)に基づいて世界を認識する。フーコーは、「近代」の制度や構造も、時代の流れの中で現れてきたひとつの状態に過ぎず、絶対的な根拠は存在しないことを明らかにしようとする。

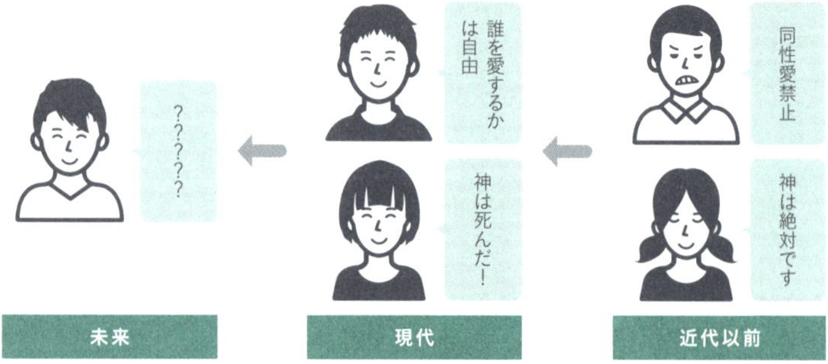

？？？？？
誰を愛するかは自由
神は死んだ！
同性愛禁止
神は絶対です
未来
現代
近代以前

未来：これからの価値基準は未知数。

現代：価値観に普遍的な根拠は存在しない。

近代以前：社会全体に浸透していた価値観。

KEYWORD

生《せい》の権力

生き方を方向づける現代の権力

現代社会を、細かなルールに支配され、人々が互いに監視し合う社会と批判。ルール違反が死に結びつく、近代以前の「死の権力」と比較し、「生の権力」と定義した。また、その様子をベンサム考案の牢獄「パノプティコン」に例えた。

集団監視システム <パノプティコン>

ベンサム

効率的に囚人を監視するための円形の牢獄。

フーコー

権力が生のすみずみにまで入り込んでいることに例えた。

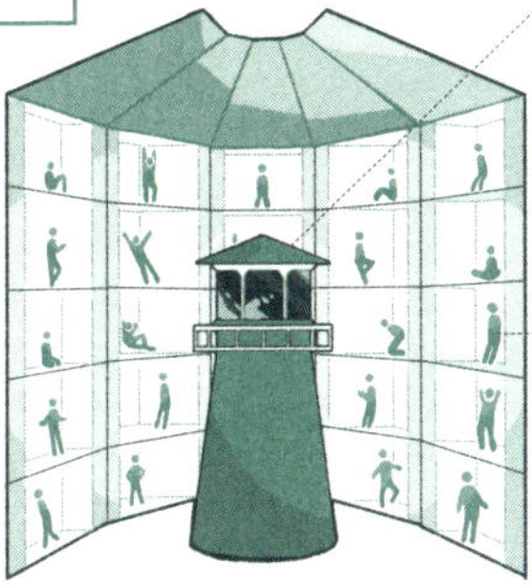

※円形の牢獄、パノプティコンの断面図。

監視室

マジックミラーの中から、監視員が囚人を監視。囚人からは、監視員が見えないため、実際にはいてもいなくてもOK。

囚人

たとえ監視員がいなくても、いつも監視されていると思わざるをえず、自然と規律に従って生活するようになる。

自らも同性愛者として苦悩

同性愛者としても知られるフーコーは、その性的志向ゆえに悩み、自殺未遂を図ったことも。そして、多数派の「常識」がルールづくりの基礎となる近代社会において、少数派の意見が抑圧されていると考え、社会運動に参加するなど、個人の幸福が実現する社会について考え続けた。

思想の背景

近代社会の新たな矛盾やそれがもたらす暴力や抑圧を指摘

フーコーは構造主義の考え方を汲んで、人間の「知」の世界を形作る、無意識の構造について注目。それを、エピステーメーと呼び、歴史における知の構造を明らかにした。その結果、「理性」を中心に構成された近代社会が、「狂気」や「同性愛」などを隔離の対象に定め、排除してきたと批判する。

Gilles **Deleuze**

ジル・ドゥルーズ

1925〜1995／フランス／ポストモダン思想

伝統的な形而上学を批判し、「リゾーム」「ノマド」などの概念を提示した。フーコー（P.230）との交流も深く、精神科医・ガタリとの共著も多数。

影響を受けた哲学者

スピノザ（P.184）、ニーチェ（P.208）

主な著書

『差異と反復』『ノマドの思考』

存在するのは「差異」だけである

ひとつの価値観で体系化された哲学ではなく、様々な価値感が混在する「リゾーム」の概念を通して、普遍性の概念を批判。

KEYWORD

リゾーム（根）

価値観を固定する体系は危険なものである

ドゥルーズは、「リゾーム（根）」という単語を用いて、様々なものが序列化・体系化されず、同列に存在する様子を表現。統一する価値観がなく、差異のみが存在するというイメージ。

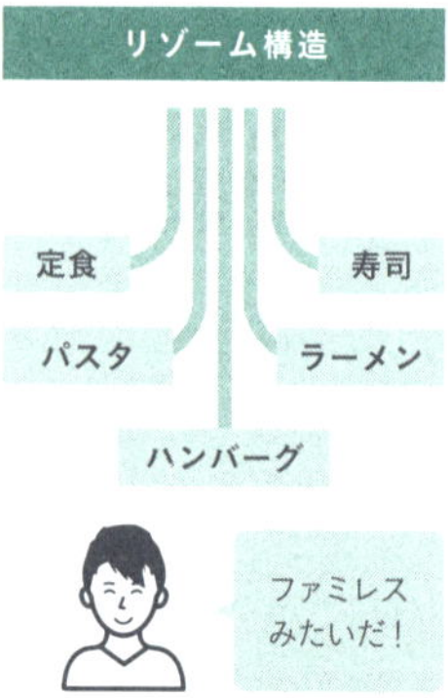
リゾーム構造
定食
寿司
パスタ
ラーメン
ハンバーグ
ファミレスみたいだ！

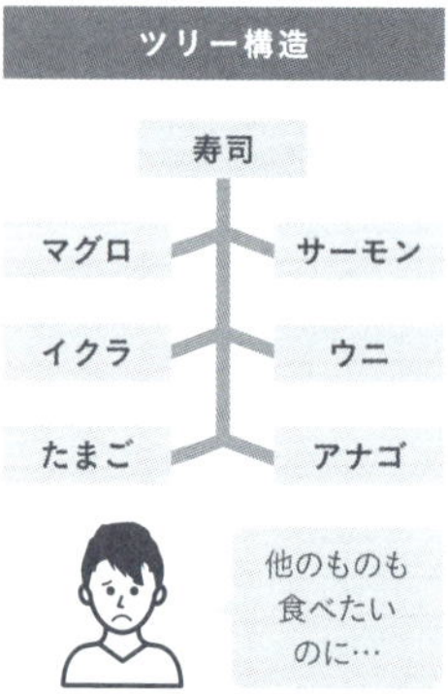
ツリー構造
寿司
マグロ
サーモン
イクラ
ウニ
たまご
アナゴ
他のものも食べたいのに…

ヘーゲルの弁証法（P.61）などに代表される、ひとつの真理に基づく従来の西洋哲学では、その価値観から外れたものは除外されてしまう（ツリー構造）。しかし、様々なものが同列に存在するリゾーム構造なら、全ての価値観は並存する。

KEYWORD

ノマドロジー（ノマド）

生きることを通して流動的に生の目的を決めていく

ドゥルーズが、ガタリとの共著『千のプラトー』で提唱した、遊牧民的な生活の復権を目指す思想。様々な分野や場を常に横断して活動することで、新しい可能性を実現していく生き方。

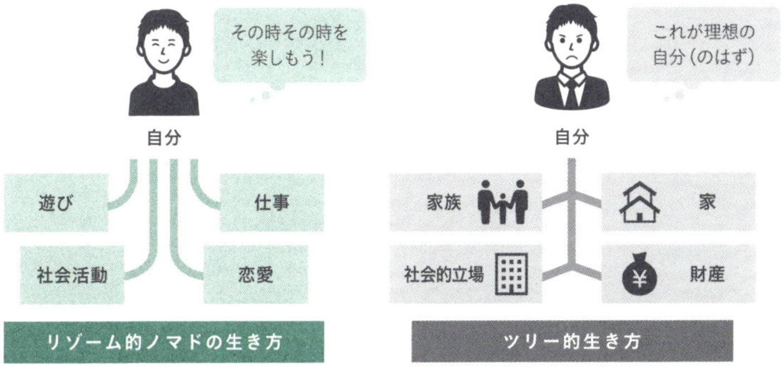

人生の目的は、その都度偶然の出会いのうちにしか存在しない。

凝り固まった価値観に縛られた生き方。

ノマド的生き方を夢に見たが、自身は生涯をフランスで過ごす

著書ではノマド的な生き方を推奨したドゥルーズだが、自身は生粋のパリっ子。パリのソルボンヌ大学に進み、ニーチェやスピノザの解釈を皮切りに哲学の道へ。教授となった後は、同僚だったフーコーとも交流を深めた。生涯、パリを離れることはほとんどなかったという。

思想の背景

“新しい概念をつくり出す”ことが哲学の役割

ドゥルーズは、哲学を「新しい概念をつくり出す」ことと定義。人々の物の見方や考え方を変えることこそ、哲学者の役割であると考えた。その観点から、既存の西洋哲学と資本主義社会を、精神分析やマルクス主義の思想をとり入れつつ、独自にとらえなおそうとした。

Jacques Derrida

ジャック・デリダ

1930～2004／フランス／ポストモダン思想

普遍性や客観性を否定するポストモダン思想の流れの中で、西洋哲学における絶対的な真理を、その前提から覆す「脱構築」を試みた。

影響を受けた哲学者

フッサール（P.214）、
レヴィ＝ストロース（P.228）

主な著書

『声と現象』

差《さ》延《えん》

言葉を正しく伝えることはできない。「今」と言った瞬間、今が過ぎ去るように、その意味は、いつもズレを伴わざるをえない。

KEYWORD

脱《たつ》構《こう》築《ちく》

西洋哲学における二項対立の価値観の否定

デリダは、言語学を通して、二項対立に基づく形而上学の価値観を否定、解体を試みる。プラトンやフッサールのテキストを読み解くことで、同時にその理論の不可能性を指摘した。

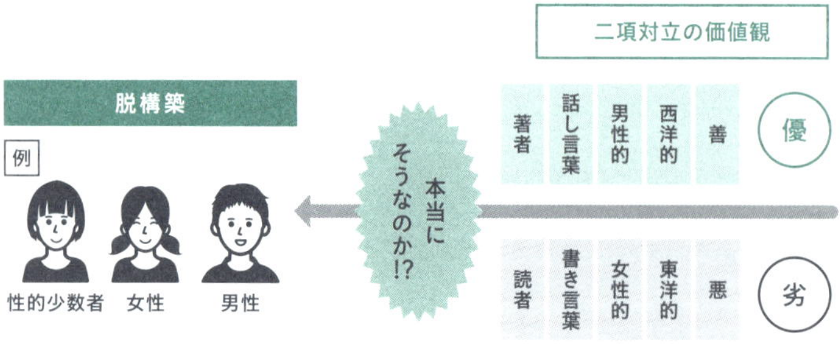
二項対立の価値観
優
善
西洋的
男性的
話し言葉
著者
劣
悪
東洋的
女性的
書き言葉
読者
本当にそうなのか!?
脱構築
例
性的少数者
女性
男性

「男性的と女性的」「西洋的と東洋的」といった二項対立における優劣を解体し、そこからはみ出す他者を指摘することで、抑圧を行ってきた社会のあり方を否定する。

KEYWORD

作者の死※

※フランスの哲学者、ロラン・バルトの論文タイトル。同時期に、デリダも同様の考えを示した。

話し手の言葉と受け手の解釈が一致するとは限らない

言葉は表現した人の意識から完全に切り離される、ということを表した比喩。言葉の意味は、その状況に応じた解釈にゆだねられて変化し、一義的に正しい規定は存在しえないとする。

例えば「やばい」という一言をとっても、様々な意味を持ち、表現した人の意識とは異なって伝達されざるをえない。

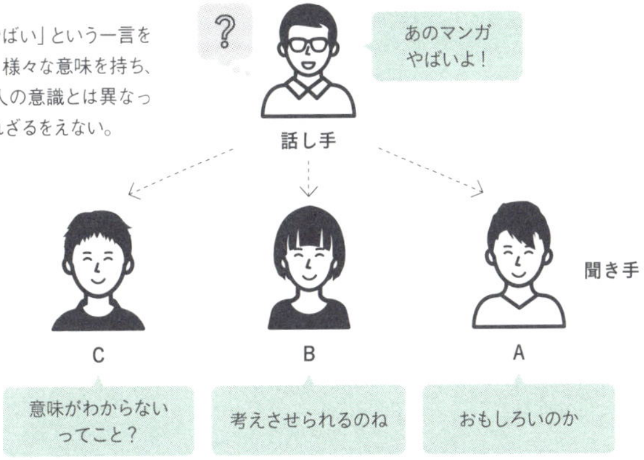
?
あのマンガ
やばいよ！
話し手
聞き手
C
B
A
意味がわからない
ってこと？
考えさせられるのね
おもしろいのか

テクスト論として文学批評にも影響を与える

テクスト論とは、文章から作者の意図を汲み取ることは不自然で、あくまでも文章それ自体を読むべきだとする思想。デリダも、作者は既存の言語の中から妥当な言葉を選んでいるに過ぎず、「言いたいこと」（真理）を正確に言語に写し取ることはできないと主張し、その理論を支えた。

思想の背景

唯一の真理を示そうとしたマルクス主義への反発

ポストモダン思想の背景には、唯一の“真理”を示そうとしたマルクス主義の世界観が、スターリン主義※と結びついたという考えがある。デリダは、真理がそもそも存在しえないことを論理的に証明し、“普遍性”の概念で抑圧する社会の価値観を否定した。

※旧ソ連における、スターリンの独裁体制のこと。個人に対する過大な崇拝、大粛清などの政策が批判された。

John Rogers Searle

ジョン・ロジャーズ・サール

1932～／アメリカ／心の哲学

言語哲学、心の哲学を専門にする。「中国語の部屋」と呼ばれる思考実験を通して、コンピューターが意志を持つという人工知能の可能性を否定した。

主な著書

『言語行為』『志向性』

生物学的自然主義

サール自身の立場。人間の意識の全てが、脳の働きから物理的に生み出されていることは、神経生物学的に明らかとした。

KEYWORD

中国語の部屋

コンピューターは知能を持たない

コンピューターが知能を持つと示唆したチューリング・テスト※に対して、「中国語の部屋」という論理で反論。コンピューターが知能を持つかのような受け答えができたとしても、マニュアルに従っただけで知能があるかは不明とした。

※ディスプレーとキーボードを介してコンピューターと人間にいくつか質問し、どちらがコンピューターか当てるテスト。

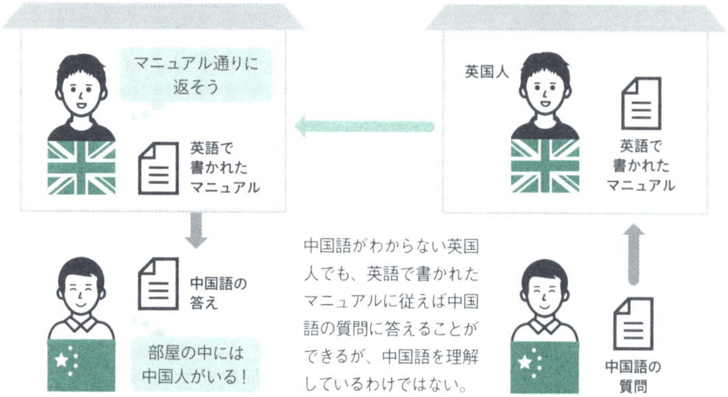
英国人
英語で書かれたマニュアル
中国語の質問
マニュアル通りに返そう
英語で書かれたマニュアル
中国語の答え
部屋の中には中国人がいる！

中国語がわからない英国人でも、英語で書かれたマニュアルに従えば中国語の質問に答えることができるが、中国語を理解しているわけではない。

KEYWORD

生物学的自然主義

感情は脳科学で解明できない

サールは、意識について、脳内とその中枢神経系において物理的に引き起こされるもので、消化活動などと同じく、生命を維持する活動の一環ととらえた。一方で、感情などの主観的な意識を物理的に論じることは不可能とした。

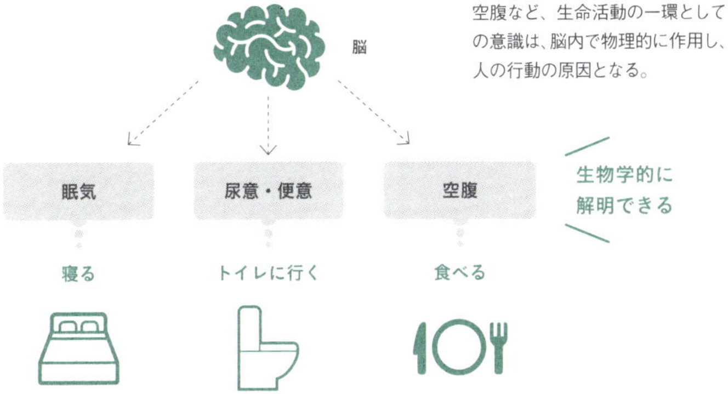
脳
空腹など、生命活動の一環としての意識は、脳内で物理的に作用し、人の行動の原因となる。
眠気
尿意・便意
空腹
生物学的に解明できる
寝る
トイレに行く
食べる

人工知能への批判から「中国語の部屋」の思考実験を提案

ロボットに心（知能）があるか判定する「チューリング・テスト」を否定。人工知能は、「中国語の部屋」にいる英国人のようなもので、自らの行いを理解しているとは言い難いとした。

思想の背景

心の哲学においての「物理主義」に関する否定

意識や感情は錯覚であるという「物理主義」（P.238）の考えを否定。生命現象のひとつである意識（機能的意識）は、生物学で説明できると考えた。一方、感情などをはじめとする主観的な意識（現象的意識）は、確かに存在するとしたが、その原理を物理的に説明することは不可能とした。

Paul Churchland

ポール・チャーチランド

1942～／カナダ／心の哲学

脳科学の見地から心の哲学に取り組む。哲学的・心理的な領域である意識（心）も、いずれは全て科学的に説明できるとする「消去主義」を唱える。

主な著書

『心の可塑性と実在論』
『認知哲学―脳科学から心の哲学へ』

消去主義

サール（P.236）の生物学的自然主義に対し、「精神」「信念」「欲求」といった意識の状態も、科学で説明可能になるとする。

KEYWORD

物理主義

世界の全ての現象は物理的に証明することができる

物質的な物だけを存在と認める考え方。「価値」「意味」などの概念を含め、全ての物事の物理的な証明を試みる。やがて、心と物理的な物との関係を研究する「心の哲学」が発達する。

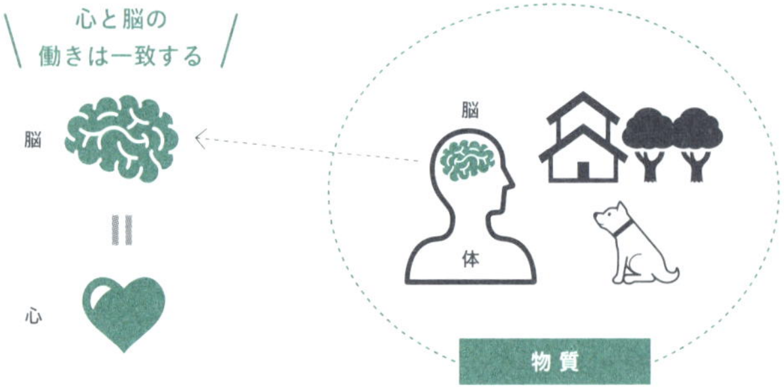

「心の哲学」においては、感覚や精神、心などの実在を否定。
人間の心の動きも、一般的な物質と同様に、全て物理的に説明できると主張する。

KEYWORD

消去主義

心や意識の状態は全て脳の信号に置きかえ可能

神経科学の発達によって、「心」という概念そのものが消滅するという考え方。喜怒哀楽の感情は、全て脳の信号などを表す科学の言葉に置きかわり、「心」は存在しなくなるという仮説。

未来

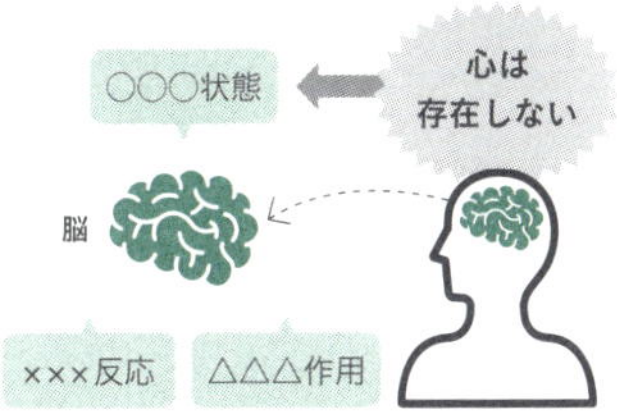

「心」は存在せず、人間の感じることは全て、脳内の作用に置きかえられる。

現在

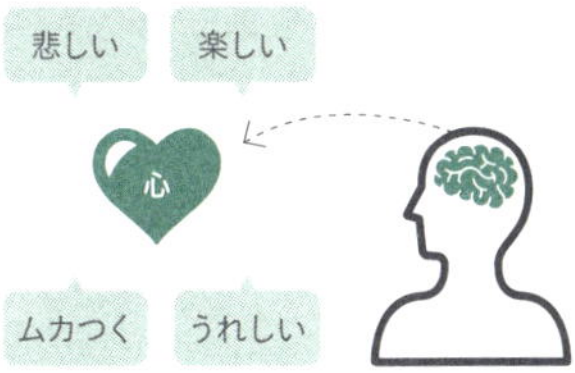

喜怒哀楽をはじめ、「精神」「信念」「欲求」などといった心の状態が存在している。

「信念」「感覚」などの言葉もいずれ消える!?

科学の進歩に伴い天動説が地動説に置きかわったように、神経科学の進歩によって、現在の常識は変わるかもしれない。チャーチランドは、「信念」「欲求」などの心の働きを表す言葉をはじめ、「心」という言葉自体も、いずれは科学的な用語に置きかえられ、その概念は消滅すると主張する。だが、そこに根拠はなく、他の学説と対立している。

思想の背景

科学技術の発展を背景に心の状態を科学的に考察

物理主義は、デカルト(P.182)を発端とする心身問題に対する主張のひとつ。20世紀半ば頃から、「心の哲学」として英米を中心に展開されている。チャーチランドは、人間の自我と脳神経のネットワークを結びつけ、脳科学的な見地から、人間の精神を分析しようと試みた。

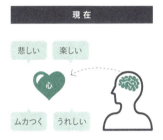

PHILOSOPHY COLUMN 04

知っておきたい 日本の哲学者たち

江戸時代以前の日本の思想は、仏教や儒教に強い影響を受けていた。明治期に、西周が西洋哲学を欧州から持ち帰って広めた。

西《にし》田《だ》幾《き》多《た》郎《ろう》 1870～1945

哲学に東洋思想を融合

西洋哲学に東洋思想を融合させた独自の哲学を展開。家族の不幸などのつらい経験を乗り越えようと努め、哲学研究の傍ら、禅に傾倒する。「純粋経験」「絶対矛盾的自己同一」など様々な概念を生み出し、「西田哲学」を樹立した。

思想

「美しい景色に見とれる瞬間」「何かに没頭している瞬間」などの心に生じる忘我の境地を、主観（自分）と客観（対象）が一体であるという「純粋経験」と定義。また、全てを包み込む「絶対無」の存在を自覚することによって、世界の全ての矛盾するものが共存できるとする「絶対矛盾的自己同一」の概念をつくり上げた。

和《わ》辻《つじ》哲《てつ》郎《ろう》 1889～1960

日本思想史の研究が基盤に

キルケゴール（P.206）、ニーチェ（P.208）の研究から出発。ハイデガー（P.218）の解釈を通して、『人間の学としての倫理学』を著す。大和（奈良県）の地を訪ねた旅行記『古寺巡礼』など、文化史的な研究にも優れた成果を上げる。

思想

日本思想史の研究を基盤に構築された、和辻倫理学。人間を、個人と社会の二面性を備えた「間柄的存在」と定義。自己の肯定（個人の意志）と、自己の否定（社会との協調）のくり返しが、真の人間性をつくると考えた。

西《にし》周《あまね》 1829～1897

西洋哲学を日本に持ち込む

日本最初の西洋哲学者。江戸時代後期、幕府の留学生としてオランダに渡り、ミル（P.202）の功利主義や哲学者・コントの思想に影響を受ける。「哲学」の日本語訳の他、主観、客観、概念、理性、定義、命題など、多くの哲学用語を訳した。

九《く》鬼《き》周《しゅう》造《ぞう》 1888～1941

日本固有の美意識に注目

1922年からヨーロッパに留学。ハイデガー（P.218）などに師事し、帰国すると日本文化の分析を通じて、実存哲学の新たな展開を試みた。日本固有の美意識である「粋」を分析した『「いき」の構造』は代表的な著作。

思想

江戸時代に生まれた「粋」という美意識を現象学で把握しようとした。異性を引きつける「媚態」と、武士道精神の表れである「意気地」、仏教の無常観にも似た「あきらめ」を内包したものが「粋」という概念だと考えた。

日本哲学とは

日本的な思想と 西洋哲学との融合を模索

日本語にはもともと、philosophyに対応する言葉がなかった。「哲学」は、西周がつくった訳語。明治時代に西洋哲学が日本に入ってくると、日本的な思想・宗教の考え方を、西洋哲学風に体系化しようとする動きが起こり、日本哲学は独自の変化を遂げる。

巻末
付録

関連ワードのつながりが一覧！

哲学用語
まとめ

本編のなかでふれてきた哲学用語について、
代表的なものを五十音順に紹介する。
関連する哲学者や、関連ワードについても、
つながりをまとめて一覧にした。

アウフヘーベン（止揚《しよう》）

哲学用語

ヘーゲルによる弁証法（P.252）の基本概念。物事を発展させるうえで、相反する複数の要素が対立することは避けられない。その場合、否定された要素について全て捨て去るのではなく実質を保存し、より高い段階で調停すること。複数の要素が、対立を通じて発展的に統一されること。ドイツ語で「否定する」「高める」「保存する」の3つの意味を持つ。止揚とも言う。

関連する哲学者▼ヘーゲル（P.196）
関連ワード▼弁証法

アルケー

哲学用語

ギリシャ語で「原理」の意味。古代ギリシャの自然哲学では、「始まり」や「起源」、「万物の根源」を意味する。

関連する哲学者▼タレス（P.174）
関連ワード▼自然哲学

一元論《いちげんろん》

哲学用語

あるひとつの原理で、世界の全ての物事を説明しようとする考え方。

⇕二元論
関連する哲学者▼スピノザ（P.184）
関連ワード▼二元論

一般意志《いっぱんいし》

哲学者の言葉

社会契約によって成立した共同体（国家）の一員となった人民が、公共の利益と個人の幸福を同時に尊重することにより生まれる集団的な意志。ルソーが示した概念。

⇕万人の万人に対する闘争
関連する哲学者▼ルソー（P.190）

イギリス経験論《けいけんろん》

哲学用語

直接的に確かめられる経験が、人間の認識を成立させる原理であるとする考え方。17〜18世紀にかけて、イギリスで発達した。⇕大陸合理論

関連する哲学者▼ロック（P.186）
関連ワード▼タブラ・ラサ、大陸合理論、ドイツ観念論

イデア

哲学者の言葉

ギリシャ語で「見えているもの、ものの姿や形」の意味。プラトンによると、世界の物事の原型であり、真の実在。現実の物事はイデアの模倣に過ぎず、イデアは純粋な思考によってのみ認識できると考えた。

関連する哲学者▼プラトン（P.178）
関連ワード▼エイドス、ヒュレー

イデオロギー

哲学的な意味を持つ言葉

政治や社会についての信念や態度、意見などが体系化されたもの。資本主義と社会主義の対立をはじめ、イデオロギーは必然的に対立をもたらす。マルクスはヘーゲル哲学を「ドイツ・イデオロギー」と呼び、その非現実性を批判した。

関連する哲学者▼**マルクス**（P.204）
関連ワード▼**マルクス主義**

エイドス（形相《けいそう》）

哲学者の言葉

事物を構成する本質。⇔**ヒュレー（質料）**

関連する哲学者▼**プラトン**（P.178）、**アリストテレス**（P.180）
関連ワード▼**イデア**

エス（イド）

哲学者の言葉

フロイトによる精神分析学の概念。無意識下にあり、快楽（エロス）を求める衝動の源泉となる。自我（P.246）、超自我（P.249）と共に人格を形成する要素のひとつとされた。

関連する哲学者▼**フロイト**（P.212）
関連ワード▼**自我、超自我**

エピステーメー

哲学者の言葉

各時代特有のものの考え方の枠組み。思考の基礎となるもの。ギリシャ語で「厳密な知」の意味だが、フーコーが新たな意味を与えて使用した。

関連する哲学者▼**フーコー**（P.230）

エポケー（判断停止《はんだんていし》）

哲学者の言葉

ギリシャ語で「判断停止」の意味。フッサールが現象学の用語として使用した。還元（P.244）を出発点に、物事の存在を一時的に「カッコに入れる（保留する）」作業を指す。

関連する哲学者▼**フッサール**（P.214）
関連ワード▼**還元、本質直観**

エロティシズム

哲学的な意味を持つ言葉

本来は古代ギリシャ語で、「精神的な

愛」の意味。バタイユによると、性活動において人間だけが持つ固有の欲望で、「禁止の侵犯」（P.97）を伴うもの。生殖における自然の目的（種の保存・繁栄）とは本質的に異なる。

関連する哲学者▼バタイユ（P.224）

王《おう》権《けん》神《しん》授《じゅ》説《せつ》

哲学的な意味を持つ言葉

王の統治権は、教会を介することなく神から授けられたもので、その権力は神聖で絶対的なものとする思想。ヨーロッパの中世〜近代初期にかけて、王の権力を補強する役割を担った。

⇔社会契約説

懐《かい》疑《ぎ》論《ろん》

哲学的な意味を持つ言葉

人間の認識力は主観的であり不確実という考えのもと、客観的・普遍的真理が認識できるという可能性を疑い、判断を差し控えるという態度。

関連する哲学者▼ヒューム

※イギリスの哲学者。人間の意識に与えられるものだけを探求し、認識の構造を探ろうとした（1711〜1776）。

（神《かみ》の）見《み》えざる手《て》

哲学者の言葉

市場経済において、経済活動を個人の利己的な行動に任せれば、神の手に操られるように、富の最適な分配が達成されるという考え方。アダム・スミスが示した概念。レッセ・フェール（自由放任主義）とも。

関連する哲学者▼アダム・スミス（P.192）

還《かん》元《げん》

哲学用語

現象学の考え方。「五感で知覚・認識できるものは、客観的にも存在する」という前提をとりはらい、自分自身の認識できる物を、主観にとって現れている現象としてとらえなおすこと。「自分がどう見えるか、どう感じるか」を出発点に、知覚とそれがもたらす意味の本質的な要素を洞察するための態度変更をいう。フッサールが示した概念。

関連する哲学者▼フッサール（P.214）

関連ワード▼エポケー、本質直観

危《き》害《がい》原《げん》理《り》

哲学者の言葉

他人の幸福を奪ったり、他人が幸福を得ようとする努力を阻害したりしない限り、全ての人間に幸福を追求する自由（権利）があるとする考え方。ミルが示した概念。

関連する哲学者▼ミル（P.202）

関連ワード▼功利主義

企投《きとう》

哲学者の言葉

常に自分の可能性に向かって開かれている存在者、すなわち人間（現存在《げんそんざい》、ダー・ザイン）が、自己にふさわしい可能性を自由に追求すること。対する言葉に、被投性《ひとうせい》（気分）がある。

関連する哲学者▼ハイデガー（P.218）

形而上学《けいじじょうがく》（メタフィジカ）

哲学用語

物事が存在する根拠や、世界の根本原理（魂、神、世界など）を明らかにしようとする学問。ギリシャ語の「メタ（後に）」と「フィジカ（自然学）」を組み合わせた言葉。アリストテレスの講義録をまとめた本に語源を持ち、後世になって「超自然学」という意味で使われるようになった。

関連する哲学者▼アリストテレス（P.180）、**デカルト**（P.182）

関連ワード▼自然哲学

言語《げんご》ゲーム

哲学者の言葉

言語活動を、自分と他者との会話の中で、互いに共有する一定のルールに基づき行われるゲームのような営みとすること。言語が客観的事実を正確に写し取っているという従来の言語観を否定する。ウィトゲンシュタインが示した概念。

関連する哲学者▼ウィトゲンシュタイン（P.216）

構造主義《こうぞうしゅぎ》

哲学用語

人間社会・文化を規定しており、当人たちにも明確に自覚されていない構造を取り出し、分析する学問。文化人類学者のレヴィ＝ストロースを創始者とし、1960年代、主にフランスで展開された。**⇔実存哲学**

関連する哲学者▼レヴィ＝ストロース（P.228）、**フーコー**（P.230）

関連ワード▼ポストモダン思想

功利主義《こうりしゅぎ》

哲学用語

「幸福」を法や統括の正当性の原理とする政治・社会思想。19世紀のイギリスで盛んになった。

関連する哲学者▼ベンサム（P.200）、**ミル**（P.202）

関連ワード▼危害原理

心《こころ》の哲学《てつがく》

哲学用語

心の働きや性質、物理的なものとの関係を研究する哲学。最も基本的なテーマは、心と体の関係性（心身問題）。近代以降、多くの哲学者が論じてきたが、いまだ見解は一致していない。心と体は別物とする、デカルトの「心身二元論」（P.２４７）がよく知られる。現代では、生物学や心理学などの発展から、心と脳の働きは一致するという「物理主義」（P.２３８）の立場をとる研究者も少なくない。

関連する哲学者▼サール（P.２３６）、**チャーチランド**（P.２３８）

自《じ》我《が》

哲学用語

知覚や思考、行動を司る主体として、他者や外界から区別して意識されるもの。フロイトの深層心理学によると、エス（P.２４３）と超自我（P.２４９）の間に立つとされた。

関連する哲学者▼カント（P.１９４）、**フロイト**（P.２１２）

関連ワード▼エス、超自我

自《し》然《ぜん》哲《てつ》学《がく》

哲学用語

近代科学が成立する以前、自然を研究の対象とした哲学的思想。古代ギリシャの哲学者・タレスが、「アルケー」（万物の根源）を求めたことをきっかけに、世界の根本原理を探求する学問として誕生した。哲学の基本の営みの始まりでもあった。

関連する哲学者▼タレス（P.１７４）

関連ワード▼アルケー、形而上学

実《じつ》存《ぞん》哲《てつ》学《がく》

哲学用語

普遍的な真理を求め続けていた19世紀以前の哲学に対し、個としての人間の立場を重視して「何者でもないこの私」の存在を探求する哲学。人間の本来的なあり方を主体的に求めて生きる「実存」の確立を目指す。キルケゴールが先駆者。**⇕構造主義**

関連する哲学者▼キルケゴール（P.２０６）、**ハイデガー**（P.２１８）、**サルトル**（P.２２０）

関連ワード▼生の哲学

社《しゃ》会《かい》契《けい》約《やく》説《せつ》

哲学用語

社会・国家は、それを構成する人員が相互に契約（約束）することを根拠に成立するという理論。政治権力の正当性の原理論として示された。

⇕王権神授説

関連する哲学者▼ホッブズ（P.１８８）、**ルソー**（P.１９０）

関連ワード▼一般意志、万人の万人に対する闘争、リヴァイアサン

自《じ》由《ゆう》

哲学的な意味を持つ言葉

近代以前、「自由」という概念は存在せず、宗教や共同体から与えられたルールがあるのみだった。近代以降の人々は、神がルールの原泉ではないことを自覚。自分たちでルールをつくろうと模索する過程で、「自由」という観念が現れた。カントは「自由」を、無条件に善を命じる道徳法則（P.250）に従うこととととらえた。ヘーゲルは道徳法則を否定。社会的な関係性のうちで、個人で何を選択するべきか決め、そして行うことが、「自由」の実現している状態であると考えた。

関連する哲学者▼ホッブズ（P.188）、カント（P.194）、サルトル（P.220）ほか多数

心《しん》身《しん》二《に》元《げん》論《ろん》

哲学用語

空間的な広がりを本質とする物（体）と、思考を本質とする心（精神）は、異なる秩序に属する別のものとする、デカルトの思想。この考えをもとに、近代哲学の根幹をなす主観と客観の二元論が確立された。ただし、物と心の間に生じる相互作用に関する根本的な問題をもたらした。物心二元論とも。

関連する哲学者▼デカルト（P.182）
関連ワード▼二元論

信《しん》念《ねん》対《たい》立《りつ》

哲学用語

本質を巡って、お互いの同意が成立せず、価値観の対立が起こること。例えば、ローマ・カトリックとプロテスタントの信念対立、自由主義と共産主義のイデオロギー対立など。

関連ワード▼本質

スコラ哲《てつ》学《がく》

哲学用語

中世ヨーロッパで、カトリックの教会・修道院の学校（スコラ）を中心に研究された、神学・哲学の総称。教義の学問的な根拠づけを目指し、キリスト教思想を、アリストテレスを中心とする古代ギリシャ哲学を採用することによって補強しようと試みた。

関連する哲学者▼トマス・アクィナス

※神学者・哲学者。アリストテレス哲学をキリスト教思想を使って擁護し、「神の存在証明」を行って、スコラ哲学を大成した（1225〜1274）。

生《せい》の哲学《てつがく》

哲学用語

理性を重要視する合理主義の哲学に対して、人間の意志や感情を重視し、生を流動的・非合理的なものとして把握しようとする思想の流れ。ショーペンハウアー、ニーチェに始まり、19世紀後半〜20世紀初頭にかけてヨーロッパで展開された。

関連する哲学者▼ショーペンハウアー（P.198）、**ニーチェ**（P.208）

関連ワード▼超人、ニヒリズム、ルサンチマン、実存哲学

絶望《ぜつぼう》

哲学者の言葉

キルケゴールが著作『死に至る病』で、示した概念。人間は第三者、つまり神によって存在を肯定されており、自分自身に関係すると同時に、「単独者」として神に関係している。単に自分自身と関係するだけの場合、自分本来のあり方から離れているとし、その状態を「絶望」と呼んだ。

関連する哲学者▼キルケゴール（P.206）

私は
現実逃避し過度の空想にふけることも
そういった空想を全て否定して世間の考えにすがり自ら考えることを放棄するのも
どちらも絶望と考えます

大陸合理論《たいりくごうりろん》

哲学用語

生得的な理性を認識の原理に定め、全ての確実な知識は理性に基づく合理的な論証から導き出されるとする思想。デカルト、スピノザを中心に論じられた。⇔**イギリス経験論**

関連する哲学者▼デカルト（P.182）、**スピノザ**（P.184）

関連ワード▼ドイツ観念論

脱構築（デコンストラクション）

哲学用語

西洋哲学で伝統的に用いられてきた二項対立（P.251）などの枠組みを解体する思考法。唯一絶対の真理とされるものを、批判し解体しようとした。デコンストラクションとも。デリダが提唱した。

関連する哲学者▼デリダ（P.234）

タブラ・ラサ（白紙《はくし》）

哲学者の言葉

経験によって観念を獲得する前の魂の状態。ロックは、人間の知性は生まれつき白紙の状態であるとした。そして、直接的な知覚が認識の基本的な原理であると考えた。

関連する哲学者▼ロック（P.186）

関連ワード▼イギリス経験論

超自我《ちょうじが》

哲学者の言葉

フロイトによる深層心理学の概念。エス（P.243）による衝動や、自我（P.246）の働きを抑制するもの。両親の言動から感じ取った価値観などを反映する。良心・罪悪感とも言いかえられる。

関連する哲学者▼フロイト（P.212）

関連ワード▼エス、自我

超人《ちょうじん》

哲学者の言葉

既成概念を離れ、どんなに苦しい現実が訪れても自分の存在を肯定する人間の理想像。ニーチェが著書『ツァラトゥストラ』の中で、生きることへの新たな指針として示した言葉。

関連する哲学者▼ニーチェ（P.208）

関連ワード▼ルサンチマン、ニヒリズム

定言命法《ていげんめいほう》

哲学者の言葉

人間が行動するにあたって「ともかく（無条件に）～せよ」と訴える、普遍的な「道徳法則」（P.250）のあり方。反対に、「もし○○を欲するなら～せよ」という「仮言《かげん》命法」は、ある目的を実現するための手段に過ぎず、道徳法則にはなりえない。カントが示した概念。

関連する哲学者▼カント（P.194）

関連ワード▼道徳、道徳法則

哲学的問答法《てつがくてきもんどうほう》

哲学用語

対話を重ねて、それぞれの主張が持つ矛盾や一面性を指摘しあって検討し、共通する本質を導き出すための方法のこと。ソクラテスが用いた。産婆術とも。

関連する哲学者▼ソクラテス（P.176）

関連ワード▼無知の知

▼問答法

ドイツ観念論《かんねんろん》

哲学用語

18～19世紀にかけてドイツで発達した体系的哲学。世界を普遍的な理念による体系として構築し、把握しようとする態度を持つ。カントにより、大陸合理論（P.248）とイギリス経験論（P.242）を統一して打ち立てられた。

関連する哲学者▼カント（P.194）、**ヘーゲル**（P.196）

関連ワード▼イギリス経験論、大陸合理論

道徳法則《どうとくほうそく》

哲学者の言葉

カントが唱えた、理性に基づく普遍的な道徳のルール。人間が行動を起こす時に、「〇〇を欲するな↘

↙ら」という気持ちに流されるのであれば、行動は全て道徳的ではなく主観的なものとなる。しかし人間は欲望を捨てられないため、「道徳法則」は純粋な命令として与えられるしかない。この命令を「定言命法」（P.249）と言う。また、カントは道徳法則に従うことで、「自由」（P.247）が実現すると説いた。

関連する哲学者▼カント（P.194）

関連ワード▼道徳、定言命法

二元論《にげんろん》

哲学用語

異なった2つの原理で、世界の全ての物事を説明しようとする考え方。光と闇、現象と本体、善と悪などの概念がある。例えば、物と精神を別々のものとする、デカルトの心身二元論（P.247）。⇔**一元論**

関連する哲学者▼プラトン（P.178）、**デカルト**（P.182）、**カント**（P.194）

関連ワード▼二元論、心身二元論

二項対立《にこうたいりつ》

哲学用語

2つの概念が矛盾または対立の関係にあること。または、概念をそのように二分すること。内と外、男と女、主体と客体など。デリダが論理的な解体（脱構築、P.248）を試みた。

関連する哲学者▼デリダ（P.234）

関連ワード▼脱構築

ニヒリズム

哲学者の言葉

既存の価値や権威から根拠が失われ、疑いえない真理の存在への確信が失われること。真理や超越的なものを全て否定する思想や態度。虚無主義。

関連する哲学者▼ニーチェ（P.208）

関連ワード▼超人

認識問題《にんしきもんだい》

哲学用語

人間（主観）に物事の本質（意識の外側にあるできごと＝客観）を正しく理解することはできるのか？　そして、その理解が正しいかどうかを証明することはできるのか？　という、認識についての問題。「主客《しゅきゃく》一致の問題」とも言われる。

関連する哲学者▼デカルト（P.182）、ロック（P.186）、カント（P.194）、フッサール（P.214）ほか

関連ワード▼イギリス経験論、大陸合理論、ドイツ観念論

汎神論《はんしんろん》

哲学用語

世界の全てのものは神であり、神と世界とはひとつであるという思想。

関連する哲学者▼スピノザ（P.184）

万人《ばんにん》の万人《ばんにん》に対《たい》する闘争《とうそう》

哲学者の言葉

構造や能力がほぼ同じである、同等の人間同士が出会うと、同じ対象（食べ物や水など）を巡る相互の不信が起こる。この不信がひしめく状態のことを「万人の万人に対する闘争」という。必ずしも、実際の戦闘がなされている必要はない。ホッブズが唱えた。

⇕一般意志

関連する哲学者▼ホッブズ（P.188）

関連ワード▼リヴァイアサン

ヒュレー（質料《しつりょう》）

哲学者の言葉

事物を構成する素材。⇕エイドス

関連する哲学者▼アリストテレス（P.180）、フッサール（P.214）

プラグマティズム（道具的真理観《どうぐてきしんりかん》）

哲学用語

19世紀後半からアメリカで展開された哲学的思想。西洋哲学による、デカルト以来の認識論的な態度を批判。真理の基準は、主観と客観の一致ではなく、それが役立つものであるかどうかにあるとした。

関連する哲学者▼ジェイムズ（P.210）

ブルジョワジー（資本家《しほんか》）

哲学用語

資本主義社会で機械などの生産手段を有し、労働者階級を雇って利益を得る資本家階級。⇔プロレタリアート

関連する哲学者▼マルクス（P.204）

プロレタリアート（労働者《ろうどうしゃ》）

哲学用語

資本主義社会において、生産手段を持たず、自らの時間と労働力を資本家に売ることによって生活する労働者階級。⇔ブルジョワジー

関連する哲学者▼マルクス（P.204）

分析哲学《ぶんせきてつがく》（言語哲学《げんごてつがく》）

哲学用語

認識や社会ではなく、言語に着目した哲学。論理学の視点から、言葉のあいまいさや謎を解消しようとする分野。19世紀末からヨーロッパで盛んになった。

関連する哲学者▼ウィトゲンシュタイン（P.216）

関連ワード▼言語ゲーム

弁証法《べんしょうほう》

哲学者の言葉

対話術、問答術を意味する。物事の本質を思索する方法としてギリシャ時代から利用されたが、哲学の方法的基礎

として、ヘーゲルが発展・定着させた。対立する2つの物事の中にある矛盾を認識し、ちがいを克服（アウフヘーベン、P.242）することで、物事がより高い段階へと移ること。

関連する哲学者▼ヘーゲル（P.196）

関連ワード▼アウフヘーベン

例えば
このリンゴは存在しないかもしれない
リンゴを持つ自分も存在しないかもしれない
そもそもこの世界も存在しないかもしれない
だが、これらを疑っている「私」は確かに存在している！
こうやっていくら疑っていっても「私が考えている」ということだけは疑いようのない事実だったのだよ

▼方法的懐疑

方法的懐疑《ほうほうてきかいぎ》

哲学者の言葉

デカルトが真理に到達するために用いた、意図的な懐疑方法。少しでも不確実なものは全て否定したうえで、絶対に疑いえない確実なものを探る態度。この徹底した懐疑を通して、「我思う、ゆえに我あり」という哲学の第一原理に到達した。

関連する哲学者▼デカルト（P.182）

ポストモダン思想《しそう》

哲学用語

レヴィ＝ストロースによる構造主義（P.245）以後、フランスを中心に現れた思想。反近代、反普遍主義の立場。

関連する哲学者▼フーコー（P.230）、**ドゥルーズ**（P.232）、**デリダ**（P.234）

関連ワード▼エピステーメー、リゾーム、脱構築、構造主義

本質《ほんしつ》

哲学用語

物事における共通の意味。それぞれ具体的に存在している個々の物事における共通性。

関連する哲学者▼ソクラテス（P.176）**ほか多数**

関連ワード▼問答法、イデア、エイドス、本質直観、物自体

※現象学（P.214）の観点からは、個人が認識できる「本質」はあくまで独断に過ぎず、絶対的な正解は存在しないとする。

本質直観《ほんしつちょっかん》

哲学者の言葉

現象学における還元（P.244）という考え方のもと、「自分がどう見えるか、どう感じるか」という個々の確信から、本質を洞察すること。本質観取《かんしゅ》とも。

関連する哲学者▼フッサール（P.214）

関連ワード▼エポケー、還元

マルクス主義《しゅぎ》

哲学用語

マルクスと、その協力者エンゲルスによって確立された、社会主義思想体系のひとつ。世界の変革を目的とする実践的な思想で、資本主義社会をプロレタリアート（P.252）とブルジョワジー（P.252）の対立としてとらえ、プロレタリア階級の勝利による社会主義社会への変革を目指す。

関連する哲学者▼マルクス（P.204）

関連ワード▼イデオロギー

無《む》意《い》識《しき》

哲学者の言葉

フロイトによる深層心理学の概念。意識的に制御することのできない未知の力。フロイトは、人間の精神が無意識によってコントロールされていると説き、理性を重要視する近代哲学に大きな衝撃を与えた。

関連する哲学者▼フロイト（P.212）

関連ワード▼エス、自我、超自我

無《む》知《ち》の知《ち》

哲学者の言葉

自らの無知を自覚することが、真理を得るための出発点になるという、ソクラテス哲学の基本となる考え方。

関連する哲学者▼ソクラテス（P.176）

関連ワード▼哲学的問答法

ついには 先生の問いに答えられず 私は何も知らなかったと 気づいたのです！
それ… うれしいこと ですか？

物《もの》自《じ》体《たい》

哲学者の言葉

現象の背後に存在する本体、起源。カントが示した概念。カントによると、人間は、自らに生まれつき備わっている認識能力を通して世界＝現象を認識している。そのため、物自体は、現象の起源として想定はできるが、人間によって認識されることはないとした。

関連する哲学者▼カント（P.194）

関連ワード▼本質

リヴァイアサン

哲学者の言葉

ホッブズによる著書名。市民の同意に基づいた国家を、旧約聖書に登場する怪物「リヴァイアサン」に例え、主権者へ絶対的に服従することの重要性を説いた。

関連する哲学者▼ホッブズ（P.188）

関連ワード▼万人の万人に対する闘争

リゾーム（根《ね》）

哲学者の言葉

網の目状に広がる植物の根のイメージをもとに、互いに関係のない異質なもの同士が、錯綜しつつ横の関係で結びつく様子を表す。ドゥルーズの示した概念。秩序に基づく縦割り構造を表す「ツリー構造」を批判するために提唱された。

関連する哲学者▼ドゥルーズ（P.232）

良心《りょうしん》

哲学的な意味を持つ言葉

道徳的に善悪を判断する態度。カントは、良心を道徳法則から発せられる「内なる法廷の声」と呼び、人間によい行いへの責任感を与えるものとした。ヘーゲルは、良心を個々の確信に従って「善」をなすこととした。そして、自由が展開する過程の最終段階は、それぞれの良心同士の共通了解の状態だと論じた。また、ニーチェは、愛せないものに義務感で関わり続けることは「やましい良心」の現れに過ぎず、不満がたまってしまうと説いた。

関連する哲学者▼カント（P.194）、**ヘーゲル**（P.196）、**ニーチェ**（P.208）

関連ワード▼道徳、定言命法

ルサンチマン

哲学用語

被支配者、または弱い者が、支配者や強い者に対して抱く憎悪や妬《ねた》みの感情。弱いこと、欲望を否定することなどを「よい」とすることで、屈折した価値観をつくり出す。ニーチェが示した概念。キリスト教道徳や社会主義運動の根幹には、ルサンチマンがあると指摘した。

関連する哲学者▼ニーチェ（P.208）

関連ワード▼超人

私は「ルサンチマン」と呼んでいますが…
あいつばかり幸せなんてきっと悪いことをしてる
あんなに仕事ができるなんてイヤなヤツに違いない
力の強い者を「悪」弱い者を「善」だと決めつけて
自分自身の基準ではなく既成概念だけを評価の基準にすることは
まさに「奴隷」の考え方です

監修

平原 卓(ひらはら すぐる)

1986年北海道生まれ。早稲田大学文学研究科修士課程修了(人文科学専攻)。東京工芸大学非常勤講師。哲学者。古代から現代にかけての哲学的な思想を紹介する、哲学解説ウェブサイト「Philosophy Guides」主宰。難解とされる哲学の思想や著作を平易に解説し、多くの読者を獲得する。著書に『読まずに死ねない哲学名著50冊』(フォレスト出版)、『自分で考える練習』(KADOKAWA)、『本質がわかる哲学的思考』(KKベストセラーズ)など。

主な参考図書

『読まずに死ねない哲学名著50冊』
平原 卓(フォレスト出版)

『自分で考える練習』平原 卓(KADOKAWA)

『本質がわかる哲学的思考』
平原 卓(KKベストセラーズ)

『哲学用語辞典』『続・哲学用語辞典』
田中正人 著、斎藤哲也 監修・編集(プレジデント社)

『ゼロからはじめる! 哲学史見るだけノート』
小川仁志 監修(宝島社)

『まんがで学ぶ 哲学入門』三井貴之 監修(宝島社)

『史上最強の哲学入門』飲茶 著(河出書房新社)

『西洋哲学史』今道友信 著(講談社)

『哲学は何の役に立つのか』
西研、佐藤幹夫 著(洋泉社)

『もういちど読む山川哲学 ことばと用語』
小寺 聡 編集(山川出版社)

『図解でよくわかる ニーチェの哲学』
富増章成 著(KADOKAWA)

『ウィトゲンシュタイン「論理哲学論考」を読む』
野矢茂樹 著(筑摩書房)

『はじめての構造主義』橋爪大三郎 著(講談社)

『AIvs.教科書が読めない子どもたち』
新井紀子 著(東洋経済新報社)

マンガ・イラスト

柚木原なり(ゆきはら なり)

マンガ家、イラストレーター。人の絆や情を感じさせるストーリーを得意とする。好きな哲学者はソクラテス。好きな言葉は「無知の知」。

カバー・本文デザイン
酒井由加里(Q.design)

編集制作・執筆
松田明子

校正
関根志野　木串かつこ

マンガで実用《じつよう》
使《つか》える哲学《てつがく》

監　修　平原 卓
編　著　朝日新聞出版
発行者　橋田真琴
発行所　朝日新聞出版
〒104-8011　東京都中央区築地5-3-2
電話 (03)5541-8996(編集)
(03)5540-7793(販売)
印刷所　中央精版印刷株式会社

ISBN　978-4-02-333250-8